Macht des Wortes.
Benediktinisches Mönchtum im Spiegel Europas

Beiheft zur Sonderausstellung in der Stiftung *Kloster Dalheim.* LWL-Landesmuseum für Klosterkultur vom 2. Juli bis zum 30. Dezember 2011, hg. von der Stiftung *Kloster Dalheim.* LWL-Landesmuseum für Klosterkultur.

Die Sonderausstellung „*Macht des Wortes.* Benediktinisches Mönchtum im Spiegel Europas" ist ein Kooperationsprojekt mit dem Benediktinerstift St. Paul im Lavanttal (Kärnten/Österreich).

Stiftung *Kloster Dalheim*
LWL-Landesmuseum für Klosterkultur

LWL
Für die Menschen.
Für Westfalen-Lippe.

ARDEY

<<
Stammbaum der Benediktiner,
J. G. Prechler, Garsten, 1721
(Kremsmünster, Benediktinerstift)

„*Macht des Wortes*. Benediktinisches Mönchtum im Spiegel Europas“ in der Stiftung *Kloster Dalheim*. LWL-Landesmuseum für Klosterkultur wird gefördert von:

LWL-KULTUR Stiftung Westfalen-Lippe

KUNSTSTIFTUNG NRW

PROVINZIAL Kulturstiftung der Westfälischen Provinzial Versicherung

Stiftung der Sparkasse Paderborn für den Kreis Paderborn

RUDOLF-AUGUST OETKER STIFTUNG

Leihgeber:

- **Benediktinerstift St. Paul im Lavanttal (Kärnten/Österreich)**
- Cluny (Frankreich), Musée d’Art et d’Archéologie
- Emmerich am Rhein, Katholische Kirchengemeinde St. Christophorus
- Hirsau, Klostermuseum Hirsau – Staatliche Schlösser und Gärten Baden-Württemberg
- Kremsmünster (Österreich), Benediktinerstift
- Münster, LWL-Landesmuseum für Kunst und Kulturgeschichte
- Osnabrück, Diözesanmuseum
- Paderborn, Erzbischöfliche Akademische Bibliothek
- Regensburg, Museen der Stadt Regensburg
- St. Gallen (Schweiz), Stiftsbibliothek
- Trier, Katholische Kirchengemeinde Liebfrauen

Unser besonderer Dank gilt:

- Benediktinerstift St. Paul im Lavanttal (Kärnten/Österreich), insbesondere P. Gerfried Sitar OSB sowie Christine Ottowitz, Marion Steflitsch, Maria Tömel und Dr. Rudolf Freisitzer
- Benediktinerabtei Königsmünster, Meschede, insbesondere P. Michael Hermes OSB

Abt Augustin Fink von St. Blasien (1695–1720) gibt diesen Kelch bei einem Augsburger Meister in Auftrag. Er ist verziert mit Emailmedaillons, die Wunderszenen aus dem Leben des heiligen Benedikt zeigen.
(St. Paul, Benediktinerstift)

LIEBE BESUCHERINNEN UND BESUCHER,

als Benedikt von Nursia im 6. Jahrhundert für sein Kloster Montecassino eine Regel verfasste, konnte er nicht ahnen, welche Bedeutung dies für die europäische Kulturgeschichte haben würde. Schon zu Anfang des 9. Jahrhunderts und mit der Ausformung des Benediktinerordens wurde diese Ordensregel für das gesamte Karolingerreich allgemein gültig und gab so dem abendländischen Mönchtum seine Form. Aufgrund der umfassenden Bedeutung der Ordensregel erklärte Papst Paul VI. Benedikt 1964 zum Patron Europas.

In welch' vielfältiger Weise der Benediktinerorden als Kulturträger die Geschichte Europas bis heute beeinflusst, zeigt jetzt die Sonderausstellung „*Macht des Wortes*. Benediktinisches Mönchtum im Spiegel Europas" in der Stiftung *Kloster Dalheim*. LWL-Landesmuseum für Klosterkultur.

Der heilige Benedikt als Lehrer im Kreis von Ordensleuten und Laien wird auf diesem Gemälde des neapolitanischen Malers Solimena von 1702 effektvoll in Szene gesetzt.
(St. Paul, Benediktinerstift)

Entsprechend der europäischen Dimension der Thematik wurde *Macht des Wortes* als Kooperationsprojekt zwischen der Stiftung *Kloster Dalheim*. LWL-Landesmuseum für Klosterkultur und dem Benediktinerstift St. Paul im Lavanttal (Kärnten/Österreich) gemeinsam erarbeitet. Bereits im Jahr 2009 fand die Ausstellung mit großem Erfolg in St. Paul statt. Die Stiftung *Kloster Dalheim* und der Landschaftsverband Westfalen-Lippe (LWL) sind stolz darauf, *Macht des Wortes* 2011 nun – angepasst an die neuen Ausstellungsräume – mit der großzügigen Unterstützung von Sponsoren und Förderern als erste große Sonderausstellung im Kloster Dalheim präsentieren zu können.

Die Grundlage der Sonderausstellung bildet die einzigartige Sammlung des Benediktinerstifts St. Paul. Ergänzt werden die zahlreichen hochrangigen Objekte aus dieser Sammlung durch Exponate weiterer, zum Teil internationaler Leihgeber. Gemeinsam vermitteln die in Dalheim präsentierten Objekte faszinierende Einblicke in die Geschichte und in die kulturellen Leistungen des Benediktinerordens.

Die vorliegende Publikation entstand eigens für den Ausstellungsstandort Kloster Dalheim und geleitet Sie durch die Hauptthemen der Ausstellung, von den spätantiken geistigen und geistlichen Wurzeln des Ordens bis zu einem Ausblick auf die jüngere Ordensgeschichte seit dem 19. Jahrhundert bis heute. Sie ergänzt den im Rahmen des Kooperationsprojektes gemeinsam erstellten, zweibändigen Katalog zu *Macht des Wortes.*

Wir wünschen Ihnen nun eine spannende Reise durch die 1500-jährige Kulturgeschichte des Benediktinerordens und freuen uns über Ihren Besuch.

Dr. Wolfgang Kirsch
LWL-Direktor
Vorsitzender des Kuratoriums der Stiftung *Kloster Dalheim*

Dr. Barbara Rüschoff-Thale
LWL-Kulturdezernentin
Vorsitzende des Vorstands der Stiftung *Kloster Dalheim*

ZUR AUSSTELLUNG

Benedikt von Nursia (* um 480/90, † 550/60) gehört zu den europäischen Schlüsselgestalten. Das von ihm ausgehende Mönchtum ist die Grundlage der gesamten europäischen Klosterkultur und darüber hinaus ein wesentliches Element der europäischen Kulturgeschichte insgesamt.

Die Sonderausstellung *„Macht des Wortes. Benediktinisches Mönchtum im Spiegel Europas“* vermittelt die große Bedeutung und kulturelle Leistung der Benediktiner für das christliche Abendland. Im Zentrum steht die chronologische und historische Entwicklung der Geistes-, Kultur- und Kunstgeschichte des Benediktinerordens und dessen Einfluss über rund 1500 Jahre bis heute.

Das Benediktinerstift St. Paul im Lavanttal (Österreich) gehört zu den ältesten noch heute aktiven Klöstern in Kärnten.

Die Ausstellung von europäischem Rang ist ein Kooperationsprojekt zwischen der Stiftung *Kloster Dalheim.* LWL-Landesmuseum für Klosterkultur und dem Benediktinerstift St. Paul im Lavanttal (Kärnten/Österreich). Im Jahr 2009 feierte die Ausstellung in St. Paul einen großen Erfolg, 2011 wird sie nun in Dalheim präsentiert. An beiden Standorten erfährt sie, bezogen auf die jeweiligen musealen Gegebenheiten, eine individuelle Ausprägung. In Dalheim tritt *Macht des Wortes* dabei mit der 2010 eröffneten Dauerausstellung in Dialog.

Im Rahmen des Kooperationsprojektes wurde ein zweibändiger, mehr als 800 Seiten umfassender Katalog erarbeitet, der den aktuellen Stand der Forschung wiedergibt und als Standardwerk zur benediktinischen Kulturgeschichte angesehen werden darf. Das vorliegende Begleitheft stellt hierzu eine Ergänzung dar und führt durch die Ausstellung in Dalheim. Die enthaltenen Texte folgen der Themenstruktur der Dalheimer Präsentation. Hinzu kommen besondere Persönlichkeiten und Zitate, die einen

Aspekt der jeweiligen Themeneinheit herausgreifen und schlaglichtartig hervorheben. Die beigefügte Zusammenstellung der in Dalheim gezeigten Exponate enthält eine Konkordanz zum Katalog.

Die Grundlage der Ausstellung „*Macht des Wortes.* Benediktinisches Mönchtum im Spiegel Europas" bilden die einzigartigen Sammlungen des Kärntner Benediktinerstiftes St. Paul im Lavanttal. Der größte Teil dieser Sammlungsbestände stammt aus dem Benediktinerkloster St. Blasien im Schwarzwald. Beim Verlassen ihres 1806 aufgehobenen Klosters konnten die Mönche den größten Teil ihrer Kunst- und Urkundensammlungen sowie die Bibliothek retten. Sie gingen auf Einladung der Habsburger nach Österreich, wo sie sich nach einem kurzen Aufenthalt im ehemaligen Augustiner-Chorherrenstift Spital am Phyrn schließlich 1809 in dem 1787 aufgehobenen Benediktinerstift St. Paul im Lavanttal niederließen. Auf diese Weise sind die kostbaren und kunstgeschichtlich hoch bedeutsamen Sammlungen des Klosters St. Blasien fast vollständig bewahrt geblieben, die zudem die einzigen in dieser Geschlossenheit erhaltenen Sammlungen aus einem ehemaligen Benediktinerkloster des heutigen Bundesgebietes sind. Die zahlreichen Exponate aus diesem ganz besonderen Bestand werden durch weitere bedeutende internationale Leihgaben ergänzt. In Dalheim bildet „*Macht des Wortes.* Benediktinisches Mönchtum im Spiegel Europas" den Auftakt für weitere Sonderausstellungen, die auf den nun vollständig fertiggestellten Ausstellungsflächen präsentiert werden können. Die Geschichte und Kultur des ältesten Ordens im christlichen Abendland finden innerhalb dieses neuen Rahmens im Kloster Dalheim als erste Sonderpräsentation einen würdigen Ort.

Das ehemalige Kloster Dalheim beherbergt heute die Stiftung *Kloster Dalheim.* LWL-Landesmuseum für Klosterkultur.

A

MACHT DES WORTES – BENEDIKTINISCHES MÖNCHTUM IM SPIEGEL EUROPAS

Als im frühen 19. Jahrhundert die Mönche des Benediktinerklosters St. Blasien im Schwarzwald infolge der Säkularisation in das damals leerstehende Kloster St. Paul im Lavanttal (Kärnten/Österreich) übersiedeln, führen sie auch ihre umfangreiche Bibliothek sowie die Kunst- und Schatzsammlung mit sich. Diese spannen einen weiten Bogen durch die Jahrhunderte und veranschaulichen eindrucksvoll das Schaffen und Wirken des Konventes, aber auch des Benediktinerordens insgesamt.

Die Sonderausstellung „*Macht des Wortes*. Benediktinisches Mönchtum im Spiegel Europas" präsentiert zahlreiche Exponate aus dieser Sammlung. Gemeinsam mit Exponaten weiterer Leihgeber illustrieren sie schlaglichtartig Grundlagen, Entstehung und Geschichte des Benediktinerordens sowie dessen herausragende Bedeutung für die europäische Kulturgeschichte. Die Ausstellung führt von den Anfängen des Mönchtums über den heiligen Benedikt und seine Ordensregel, welche die Grundlage des abendländischen Mönchtums ist, hin zur Entwicklung der Klöster zu Zentren von Bildung, Wissenschaft und Kunst sowie wirtschaftlicher und herrschaftlicher Macht. Die Ausstellung zeigt Reformen und Rückschläge, Höhen und Tiefen der Ordensgeschichte und beleuchtet schließlich den großen Einbruch durch die Säkularisation sowie die Weiterentwicklung des Ordens bis heute.

> ***Diese Regel haben wir geschrieben, damit wir durch ihre Beobachtung in unseren Klöstern eine dem Mönchtum einigermaßen entsprechende Lebensweise oder doch einen Anfang im klösterlichen Leben bekunden.***
>
> (Benediktregel, Kapitel 3,1)

Die Zeichnung gibt eine Figur des Benedikt mit Abtsstab und Regelbuch wieder, die im Kreuzgang der Abtei Saint-Père in Chartres stand. Sie soll die Mönche daran erinnern, die klösterlichen Vorschriften zu beachten.
(Paris, Bibliothèque Nationale, Sammlung Gaignières)

B

VON DER WELT IN DIE WÜSTE – DIE WURZELN DES MÖNCHTUMS

■ Im spätantiken Ägypten und Syrien ziehen sich Einsiedler nach dem Vorbild Johannes' des Täufers zu einem Leben in Askese und Kontemplation in die Wüste zurück. Die Koinobiten (griech. *koinobion* für „Gemeinschaft") schließen sich auch zusammen. Zu den wichtigsten Wüstenvätern gehören Antonius Abbas (* um 251, † 356) und Pachomius der Ältere (* um 292/98, † 346), der um 325 in dem verlassenen Dorf Tabennisi in Oberägypten das erste Koinobion gründet und dafür die „Engelsregel" verfasst, die älteste Klosterregel des Christentums.

In Tabennisi gruppieren sich die „Zellen" oder Eremitagen außer Hörweite voneinander um die Kirche, in der am Wochenende gemeinsam Gottesdienst gefeiert wird. Jede „Zelle", in der jeweils ein Mönch und sein Schüler wohnen, besteht aus zwei Schlafräumen, Küche, Vorratskammer und Gebetsraum und ist von einer Mauer umgeben.

Der Kirchenlehrer und Bischof Basilius von Caesarea (* um 330, † 379) wird durch seine „Mönchsregeln" zum theologischen Lehrer dieser neuen, bereits klösterlichen Lebensform.

Simeon Stylites der Ältere

Simeon Stylites (* um 390, † 459) muss das Kloster Eusebona bei Teleda verlassen, weil er eine zu strenge Askese durchsetzen will. Er geht als Eremit nach Teleshin im Norden Syriens. Um den Berührungen durch Pilger zu entfliehen, zieht er sich um 422 auf eine zuletzt 18 Meter hohe Säule zurück, auf der er den Rest seines Lebens verbringt. Von dort oben äußert Simeon sich zu politischen und religiösen Fragen und hat so trotz seiner selbst gewählten Isolation großen Einfluss auf die zeitgenössischen Verhältnisse.

Der Eremit Antonius Abbas (* um 251, † 356) gilt als bedeutendste Persönlichkeit des frühchristlichen Mönchtums in Ägypten.
(St. Paul, Benediktinerstift)

C GEISTIGE UND GEISTLICHE WURZELN – DIE SCHRIFTEN DER KIRCHENVÄTER

Der Benediktinerorden wurzelt in der spätantiken Kultur des Römischen Reiches, das im 4. Jahrhundert den christlichen Glauben annimmt. Als Kaiser Konstantin der Große (306–337) 330 seine Residenz von Rom nach Byzanz verlegt, ist der Weg für das aufstrebende Papsttum frei und damit auch eine wichtige Grundlage für das Aufblühen der Klöster gelegt.

529 gründet Benedikt das Kloster Montecassino. Im gleichen Jahr schließt die Universität von Athen. Der Bildungsauftrag geht damit im Frühmittelalter endgültig von weltlichen in geistliche Hände über, wobei das öffentliche Bildungssystem der Antike verloren geht.

Innerhalb des aufblühenden christlichen Bildungswesens sind die spätantiken Kirchenväter Augustinus und Hieronymus grundlegend für die Entwicklung der geistlichen Literatur. Man vernachlässigt zwar die weltliche Literaturproduktion und Wissensvermittlung, doch sind es gerade die Klöster, die das schriftliche Erbe der Antike erhalten, erforschen und es so für spätere Zeiten wieder nutzbar machen.

Für den aber, der zur Vollkommenheit des klösterlichen Lebens eilt, gibt es die Lehren der heiligen Väter, deren Beobachtung den Menschen zur Höhe der Vollkommenheit führen kann. Ist denn nicht jede Seite oder jedes von Gott beglaubigte Wort des Alten und Neuen Testamentes eine verlässliche Wegweisung für das menschliche Leben?

(Benediktregel, Kapitel 73, 2–3)

Diese Lebensbeschreibung des heiligen Hieronymus (* um 347, † 420) ist die älteste erhaltene Handschrift aus dem Skriptorium der bedeutenden benediktinischen Reformabtei St. Blasien im Schwarzwald. (St. Paul, Benediktinerstift, Cod. 18/1.)

D

VON DER WÜSTE IN DIE WELT – DAS MÖNCHTUM GELANGT NACH EUROPA

■ Dem lateinischen Westen wird die Idee des Koinobitentums vor allem durch Johannes Cassianus (* um 360, † 435) vermittelt, der um 415 in Marseille ein Männer- und ein Frauenkloster gründet. Ähnliche Gemeinschaften entstehen in Italien und Gallien, zum Beispiel durch Martin von Tours (* 316/17, † 397), der die Klöster Ligugé bei Poitiers (361) und Marmoutier bei Tours (375) ins Leben ruft, und durch Honoratus von Arles († 430).

Honoratus hatte zuvor Ägypten bereist und gründet daraufhin kurz nach 400 das Eremitenkloster auf der Insel Lerinum (Îles de Lérins) bei Cannes. Wichtige theologische Studien machen die bedeutende Bildungsstätte zu einem Ausbildungszentrum des südgallischen Klerus.

Im 5. und 6. Jahrhundert stellt das Großkloster Lérins zahlreiche Bischöfe, darunter auch Caesarius von Arles (502–542), der zwei Regeln jeweils für Männer- und für Frauenklöster verfasst. Berühmte Schüler von Lérins sind die Heiligen Patrick von Irland († 461/93) und Augustinus von Canterbury († 604), der Missionar der Angelsachsen.

Caesarius von Arles

Im Jahr 491 tritt Caesarius († 542) in die Abtei Lérins ein, wird später Abt eines Klosters in Arles und 502 schließlich Bischof der Stadt, wo er nach 40-jähriger, politisch bewegter Amtszeit stirbt. Der bedeutende Theologe gilt schon früh als größter Volksprediger des christlichen Altertums. Seine zahlreichen Ansprachen sind auch in schriftlicher Form weit verbreitet. Außerdem verfasst er eigene Regeln für das Gemeinschaftsleben der von ihm gegründeten Mönchs- und Nonnenklöster.

Der Bischof Martin von Tours (371–397) gilt als Begründer der ältesten klösterlichen Niederlassungen des Abendlandes. (Mainz, Landesmuseum)

E

BENEDIKT VON NURSIA – DER PATRON EUROPAS

Um das Jahr 480 wird Benedikt im italienischen Nursia (heute Norcia) als Sohn wohlhabender Eltern geboren. Papst Gregor der Große (590–604) schildert in seinem zweiten Buch der Dialoge die Lebensgeschichte des um 555/60 verstorbenen Heiligen:

Nach seinem Studium in Rom entscheidet Benedikt sich für ein Leben in Einsamkeit als Eremit. Aufgrund seines frommen Lebenswandels beruft man ihn bald zum Leiter mehrerer Mönchsgemeinschaften. 529 gründet Benedikt schließlich das Kloster Montecassino, das zur Keimzelle des abendländischen Mönchtums wird.

Die Frauengemeinschaften der Benediktiner berufen sich vor allem auf Benedikts Schwester Scholastika (* um 480, † um 547), die schon als Kind eine gottgeweihte Jungfrau war und in Subiaco eine erste klösterliche Niederlassung gründet.

Mit der Benediktregel können Mönche und Nonnen nun ihr Gemeinschaftsleben nach neuen Leitlinien ausrichten. Bildliche Darstellungen drücken dies oft durch die Überreichung von zwei verschiedenfarbigen Regelbüchern aus.

Es lebte ein verehrungswürdiger Mann. Er hieß Benedictus. Der Gnaden und dem Namen nach war er ein Gesegneter. Schon von früher Jugend an hatte er das Herz eines reifen Mannes, war er doch in der Lebensweise seinem Alter weit voraus. Dem bösen Begehren gab er sich nicht hin. Solange er auf dieser Erde lebte, hielt er die Welt in ihrer Blüte schon für verdorrt, obwohl er sie eine Zeitlang ungehindert hätte genießen können. Er stammte aus angesehenem Geschlecht in der Gegend von Nursia. […] Gott allein wollte er gefallen, deshalb begehrte er das Gewand des gottgeweihten Lebens. So ging er fort: unwissend, doch erfahren; ungelehrt, aber weise.

(Papst Gregor der Große: Buch II der Dialoge (593/94))

Das Blatt aus einem verlorenen Codex aus dem Augsburger Benediktinerkloster St. Ulrich und Afra zeigt Benedikt von Nursia und seine Zwillingsschwester Scholastika mit Amtsinsignien und Ordensregel.
(St. Paul, Benediktinerstift)

F

VIELE WURZELN, EINE REGEL – BENEDIKT UND SEINE NACHFOLGE

Die dem heiligen Benedikt zugeschriebene Regel entsteht um 540. Sie ist zunächst nur für das Kloster Montecassino gedacht, wird jedoch bald zur wichtigsten Richtschnur des abendländischen Mönchtums. Sie wertet ältere Regeltexte aus, vor allem die „Magisterregel" und die Regeln des Basilius, strafft sie und fügt Eigenes hinzu.

Die 73 Kapitel der Regel sind trotz einer asketischen Grundhaltung realistisch und pragmatisch. Sie definieren das Zusammenleben einer klösterlichen Gemeinschaft nach dem Vorbild der Apostel. Die Stellung des Abtes und die Rollen der weiteren Amtsträger werden klar umrissen.

Im Vordergrund des Textes stehen nicht theologische Abhandlungen, sondern praktische Anleitungen für eine auf Handarbeit beruhende Lebensweise. Deren Mittelpunkt bildet der Gottesdienst, bestehend aus Messfeier und Stundengebeten. Ihm darf, wie es Benedikt ausdrücklich hervorhebt, nichts anderes vorgezogen werden. Die klassische Formel für dieses Lebenskonzept lautet *ora et labora* (lat. für „Bete und arbeite").

Benedikt Biscop

Der adelige Benedikt Biscop (* um 628, † um 690) reist 652/53 nach Rom und entschließt sich, Mönch zu werden. Von weiteren Romreisen bringt er neben anderen Kostbarkeiten zahlreiche Codices auf die britischen Inseln mit, darunter auch die Regula Benedicti. Er gründet die Klöster St. Peter in Wearmouth und St. Paul in Jarrow und steht ihnen als Abt vor. Sie folgen einer Mischregel, die jedoch vor allem auf der Benediktregel fußt. Benedikt Biscop begründet so den Einfluss der Benediktregel im angelsächsischen Mönchtum.

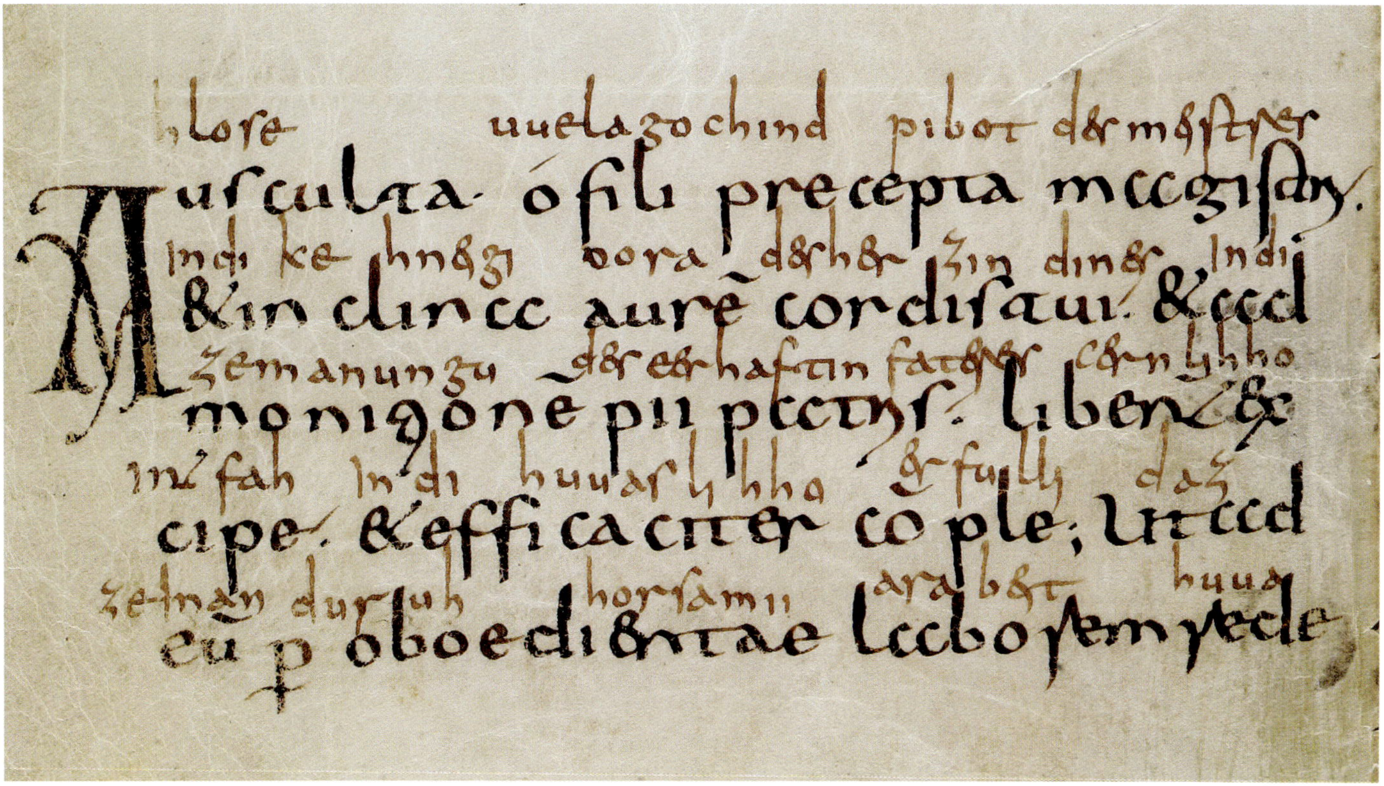

Die interlineare Übersetzung ins Althochdeutsche in einer lateinischen Abschrift der Benediktregel aus dem Kloster St. Gallen (nach 799) gehört zu den ältesten erhaltenen volkssprachlichen Schriftquellen.
(St. Gallen, Stiftsbibliothek, Cod. Sang. 916)

MÖNCHE IN DER FREMDE – DIE IRISCH-ANGELSÄCHSISCHE MISSION

■ In Irland gibt es bereits früh vorbenediktinische Klöster. Einige Mönche folgen aber auch dem Ideal der asketischen Heimatlosigkeit und pilgern lebenslang in der Fremde als Missionare. Columban der Jüngere (* um 540, † 615) wirkt im Frankenreich, wo nach 590 in den Vogesen drei Klöster entstehen. Für diese schreibt er die *Regula monachorum* (lat. für „Regel der Mönche“) und die *Regula coenobalis* (lat. für „klösterliche Regel“). 613 gründet er in Norditalien das Kloster Bobbio.

Die nach der Benediktregel lebenden angelsächsischen Missionare leiten eine neue Phase des Missionsmönchtums auf dem Festland ein. Prominent sind Willibrord (* um 658, † 739), Bonifatius (* 672/75, † 754) und der in York ausgebildete Friese Liudger (* um 742, † 809), die alle Bischöfe werden. Sie gründen Klöster in Echternach (Luxemburg), Fulda, Werden, Münster und Helmstedt und bauen diese zu Missionsstützpunkten aus.

Kilian

Kilian (* um 640, † 689,) ist ein irischer Wanderbischof, der auf dem Kontinent missioniert und nach Würzburg gelangt. Dort zweifelt er die Gültigkeit der Ehe des Herzogspaares an. Aus Angst verstoßen zu werden, lässt ihn die Fürstin daraufhin ermorden. An seinem Grab im Dom entwickelt sich unter den Karolingern ein Heiligenkult, der später in die von Würzburg aus missionierten sächsischen Gebiete und vor allem in das neugegründete Bistum Paderborn ausstrahlt.

Die nach dem heiligen Willibrord benannte Arche (lat. *arca* für „verschließbarer Kasten") ist ein Reliquienschrein in Form einer mittelalterlichen Tasche. (Emmerich, St. Martini)

H

NUR EINE REGEL FÜR DAS REICH – BENEDIKT VON ANIANE

■ In den Jahren 816 bis 819 beruft Kaiser Ludwig der Fromme (814–840) in Aachen Reichssynoden ein, die das Zusammenleben geistlicher Gemeinschaften verbindlich festlegen. Man unterscheidet nun deutlicher zwischen einem Stift mit Kanonikern/Kanonissen und einem Kloster mit Mönchen/Nonnen.

Beide Gemeinschaftsformen erhalten feste Regelwerke: die 755 durch Chrodegang von Metz verfasste Kanonikerregel und die Benediktregel. Letztere bestimmt der Kaiser auf Initiative des Reformabtes Benedikt von Aniane (* 750, † 821) zur alleingültigen Mönchsregel. Damit endet die Zeit der aus örtlichen Traditionen hervorgegangenen Mischregeln.

Kaiser Ludwig der Fromme beauftragt Benedikt auch mit dem Aufbau des benediktinischen Musterklosters Inden (heute Kornelimünster) nahe der Pfalz Aachen. Einige Klöster dienen zudem dem Landesausbau, das heißt der verwaltungstechnischen und wirtschaftlichen Erschließung des Reichsgebietes. Durch die Reformarbeit Benedikts von Aniane bildet sich der Benediktinerorden als erster Orden des Abendlandes heraus.

Benedikt von Aniane

Benedikt wird als Graf Witiza von Maguelone (* 750, † 821) am Hof Karls des Großen erzogen. Nach dem Tod seines Bruders 773/74 entschließt er sich zu einem mönchischen Leben. Bald ist er von Jüngern umgeben und gründet um 780 auf seinem Erbgut in Aniane bei Montpellier ein Kloster. Er folgt zunächst den Regeln der Heiligen Basilius und Pachomius, wendet sich dann aber der Benediktregel zu. Als er 814 an den kaiserlichen Hof berufen wird, leitet er die Durchsetzung der Benediktregel als allgemeingültige klösterliche Norm ein.

Die Sammlung von Gesetzestexten (um 830), die sogenannten Kapitularien, zählt zu den bedeutendsten bebilderten Manuskripten der Karolingerzeit. Bei der Darstellung des Gesetzgebers handelt es sich vermutlich um Karl den Großen (768–814).
(St. Paul, Benediktinerstift, Cod. 4/1)

I

EXZELLENTE LEISTUNGEN – BODENSEEKLÖSTER ALS KULTURELLE ZENTREN

Die Bischofssitze Basel und Konstanz sowie die Großklöster St. Gallen und Reichenau bestimmen die kirchliche Prägung der Bodenseelandschaft im frühen Mittelalter. Von den beiden eng miteinander verbundenen benediktinischen Ordensniederlassungen gehen zahlreiche kulturelle Impulse in den Wissenschaften und Künsten aus. Von europäischem Rang sind die Einflüsse der als Dichter und Geschichtsschreiber, Kopisten und Maler tätigen Mönche, vor allem auf die Buchkultur und Bibliotheksgeschichte.

Den außerordentlichen Stellenwert der Abteien in der karolingischen Reichs- und Kirchenpolitik bezeugen berühmte Konventmitglieder wie Walahfrid Strabo (* 808/09, † 849), der Erzieher Karls des Kahlen, sowie Literaten und Wissenschaftler wie Hermann Contractus (der Lahme, * 1013, † 1054) und Notker Balbulus (der Stammler, * um 840, † 912). Sie repräsentieren das „Goldene Zeitalter" der Bodenseeklöster, die mit dem St. Galler Klosterplan zu Anfang des 9. Jahrhunderts ein idealtypisches Grundriss-Schema der Klosterbaukunst entwickeln.

Hermann der Lahme

Hermann der Lahme (* 1013, † 1054) stammt aus einem schwäbischen Grafengeschlecht und wird als Kind dem Kloster Reichenau übergeben. Dort wird er später Mönch und erhält die Priesterweihe. Er ist von frühester Jugend an spastisch gelähmt, bleibt zeitlebens an einen Tragestuhl gefesselt und kann nur mit Mühe sprechen. Dennoch ist Hermann als Geschichtsschreiber, Musiktheoretiker, Mathematiker und Astronom einer der vielseitigsten und bedeutendsten Gelehrten seiner Zeit. Sein Ruhm als Lehrer reicht weit über die Klostermauern hinaus.

Das St. Galler Legendar enthält in deutscher Übersetzung die Lebensgeschichten und die nach ihrem Tod geschehenen Wundertaten der St. Galler „Hausheiligen“ Gallus, Magnus, Otmar und Wiborada.
(St. Gallen, Stiftsbibliothek, Hs.-Nr. 602)

J

IM GRENZGEBIET – KLÖSTER ALS STÜTZPUNKTE DER SACHSENMISSION

■ Neugründungen von Klöstern sind für die karolingischen Herrscher auch ein wichtiges Mittel des Landesausbaus. Neben Fulda und Hersfeld wird das 815 als ältestes benediktinisches Männerkloster Nordwestdeutschlands gegründete Corvey zum wichtigen Vorposten der fränkischen Mission an der nordöstlichen Reichsgrenze.

Corvey wächst rasch zum kirchlichen, kulturellen und wirtschaftlichen Mittelpunkt der Region heran. Seit dem 13. Jahrhundert zählen seine Äbte zu den Reichsfürsten. Die Klosterschule ist die wichtigste Bildungsstätte des westfälischen Adels, und die Produktion des Skriptoriums ist wissenschaftlich und künstlerisch herausragend. Hier verfasst etwa der Mönch Widukind († nach 973) seine berühmte Sachsengeschichte. Die bedeutendste monumentale Hinterlassenschaft ist das karolingische Westwerk der ansonsten barock erneuerten Abteikirche. Seine Architekturformen, Bauskulptur und Reste der zeitgenössischen Ausmalung machen es zu einem einzigartigen Bauwerk, dessen Vorbilder im westlichen Frankenreich liegen.

Liudger

Der Friese Liudger (* um 742, † 809) reist zunächst zum Studium nach York und pilgert dann auf den Spuren der angelsächsischen Missionare nach Rom und Montecassino. Karl der Große ernennt ihn zum Leiter der Mission in Friesland und Sachsen. Anders als der Kaiser, der die Sachsenmission mit Gewalt durchsetzt, tritt Liudger für ein friedliches Vorgehen durch Überzeugungsarbeit und Predigten ein. Um 800 gründet er das Kloster Werden als Basisstation für die weitere Sachsenmission. Im Jahr 805 wird Liudger der erste Bischof von Münster.

Das Schutz- und Immunitätsprivileg Kaiser Ludwigs des Frommen aus dem Jahr 823 für das Kloster Corvey führt die materielle Ausstattung des Klosters auf.
(Münster, Landesarchiv NRW – Abt. Westfalen, Kaiserurkunde 4 (Kloster Corvey, Urkunde 3))

K

BEVORZUGT FÜR ADELIGE DAMEN – KAROLINGISCH-OTTONISCHE FRAUENKONVENTE

■ Vor allem im 8. bis 10. Jahrhundert gründen Bischöfe und Adelsfamilien auf ihren Gütern oder Burgen Frauenkonvente. Durch diese ihnen verpflichteten geistlichen Gemeinschaften sichern sie sich ihre *memoria* (lat. für „Jenseitsfürsorge") sowie eine standesgemäße Ausbildung und Versorgung ihrer unverheirateten Töchter und ihrer Witwen. Die Messfeiern, die geistliche Betreuung von Nonnen oder Kanonissen sowie die Wirtschaftsführung übernehmen Kleriker, die der Äbtissin unterstehen.

Einige dieser weiblichen Ordensniederlassungen folgen der Benediktregel und sind klösterlich geprägt. Bei anderen bedeutet das Gelöbnis nach dem Eintritt dagegen keine ewige Bindung, wie es die Aachener Synode von 816 für Stiftsdamen festlegt. Angehörige solcher Gemeinschaften können den Konvent im Interesse adeliger Bündnispolitik auch wieder verlassen und heiraten. Die historische Überlieferung ist nicht immer eindeutig darin, was in welcher Gemeinschaft galt; außerdem konnten sich die Verhältnisse an einem Ort im Laufe der Zeit wandeln.

> *Folgendes gebührt sich für eure heiligen Seelen zuerst: Wenn eine ihre Eltern verlassen hat und der Welt entsagen und in den heiligen Schafstall eintreten will, um mit Gottes Hilfe dem Rachen der geistigen Wölfe entkommen zu können, so soll sie bis zu ihrem Tod das Kloster niemals verlassen und auch nicht in die Basilika gehen, in der sich eine Tür befindet.*
>
> (Caesarius von Arles: *Regula sanctarum virginum* (512–534))

Das Bild mit dem heiligen Benedikt, der seine Ordensregel einer Nonne übergibt, ziert das Konventbuch des Benediktinerklosters Niedermünster in Regensburg.
(Regensburg, Benediktinerkloster Niedermünster, Ms. Theol. Lat. qu. 199, 67v)

L

GEGEN FREMDBESTIMMUNG – REFORMEN IN LOTHRINGEN

■ Klösterliche Reformbestrebungen des 10. und 11. Jahrhunderts richten sich vor allem gegen das sogenannte Eigenkirchenwesen und befreien die Klöster von der weltlichen und bischöflichen Einflussnahme, indem sie nun direkt dem Papst unterstellt werden.

Für die Erneuerung im ottonischen Reich wird die Abtei Gorze maßgeblich, die Bischof Adalbero von Metz (929–954) im Jahre 933 dem Kleriker Johannes und seinen Gefährten übergibt. Durch die Förderung des Bischofs und hochadeliger Familien erblüht Gorze bald zu neuem Leben und wird zum Mittelpunkt einer geistlichen Erneuerung, die weit über die Grenzen der Diözese Metz hinausreicht.

Schon ein Jahr nach der Neugründung der Abtei kommen Mönche aus Gorze nach Trier, dessen Kloster St. Maximin ebenfalls einen raschen Aufschwung nimmt. Nach und nach schließen sich auch andere Klöster der Gorzer Bewegung an, sodass die Zahl der anhängenden Klöster schließlich auf über 1000 anwächst.

Gebhard beschloss, bei seinen Mönchen die Lebensform und Gewohnheiten aus dem Kloster des heiligen Meginrad, das „zu den Einsiedlern" genannt wird, einzuführen, weil damals die Klostergemeinschaft jener Mönche am frömmsten war. [...] Im Jahre 983 nach Christi Geburt legte Gebhard den Grundstein zu einer Basilika. Unter die vier Ecksteine der Kirche legte er je eine Goldmünze.

(Petershausener Klosterchronik, 12. Jahrhundert)

Kurz vor 983 gründet der Konstanzer Bischof Gebhard II. das Benediktinerkloster Petershausen. Die ersten Äbte kommen aus dem Kloster Einsiedeln, das damals der lothringischen Klosterreform von Gorze angehört.

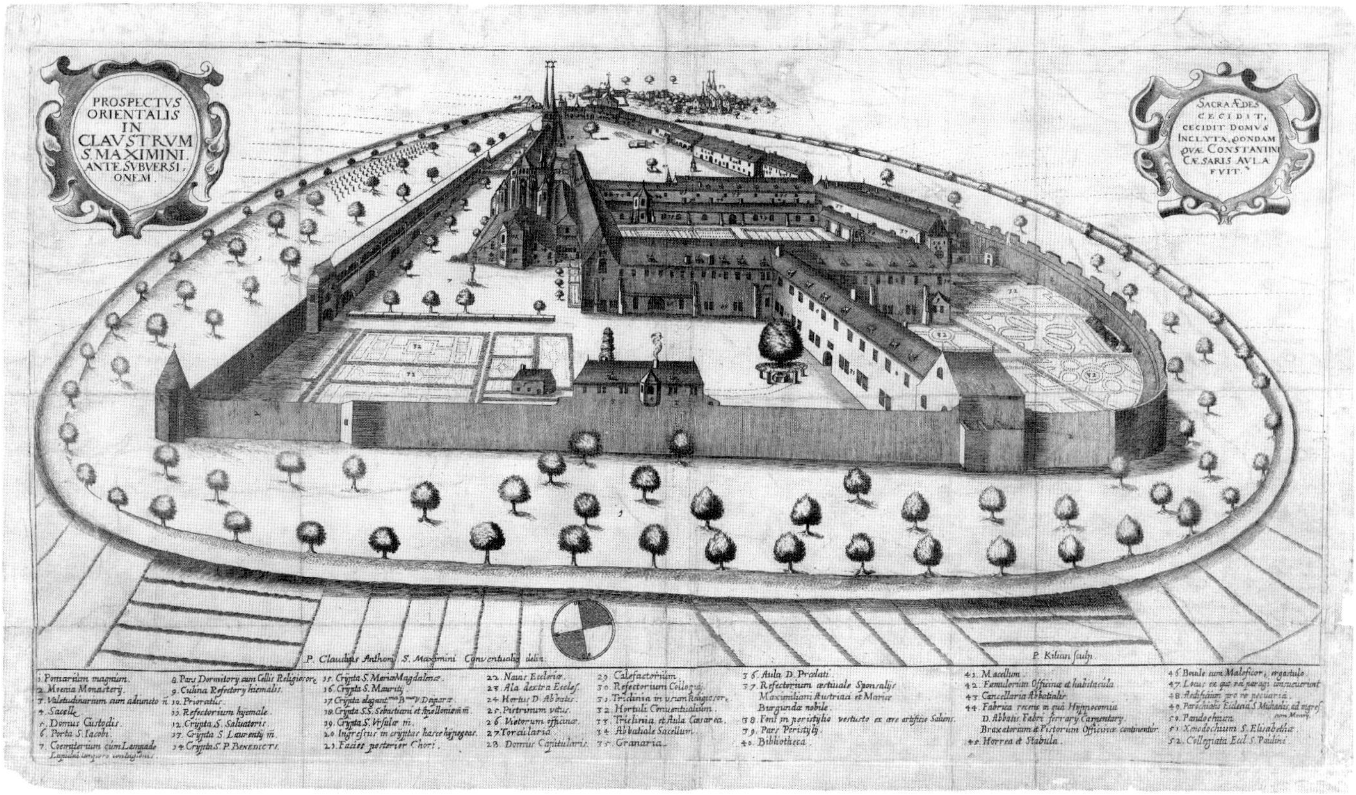

Der Kupferstich zu St. Maximin in Trier zeigt die Klosterkirche des 10. Jahrhunderts in einem gotisch veränderten Zustand sowie Klausurgebäude des 16. Jahrhunderts.
(Trier, Stadtarchiv/Stadtbibliothek, Stadtansicht Nr. 246)

M MEHR ZEIT FÜR DAS GEBET – DIE REFORM VON CLUNY

Die cluniazensische Reform ist eine der bedeutendsten klösterlichen Erneuerungsbewegungen des Mittelalters. Namengebender Ausgangspunkt und prägendes Zentrum ist die 910 gegründete Benediktinerabtei Cluny in Burgund. Der über ganz Europa verbreitete Klosterverband ist durch seine umfassenden Privilegien von weltlichen und auch bischöflichen Einflussnahmen unabhängig und genießt direkten päpstlichen Schutz.

Kennzeichnendes Element der Reform ist die intensive Pflege der Liturgie bei strikter Befolgung der Benediktregel. Besonderen Wert legt man auf die Jenseitsfürsorge. Weitreichende Gebetsverbrüderungen sollen das Seelenheil von Ordensangehörigen und weltlichen Förderern sichern. In den deutschsprachigen Ländern übernimmt später die Reformbewegung von Hirsau ihre Gewohnheiten (lat. *consuetudines*) und liturgischen Besonderheiten weitgehend von Cluny. Typisch für die Klöster der Clunianzenser sind die qualitativ besonders hochwertigen und prächtigen Bauten und Kunstwerke.

Abt Hugo der Große von Cluny

Als sechster Abt von Cluny ist Hugo de Semur (* 1024, † 1109) eine herausragende Mönchspersönlichkeit des Mittelalters. In seiner 60-jährigen Amtszeit (1049–1109) fördert er die europaweite Ausbreitung der Cluniazensischen Reform und errichtet mit der dritten Kirche der Abtei das größte mittelalterliche Gotteshaus.
Er berät mehrere Päpste, ist aber auch Taufpate Kaiser Heinrichs IV. und Vertrauter der salischen Herrscher. Diese Position ermöglicht es ihm, im Investiturstreit zwischen Kaiser und Papst zu vermitteln.

Das Modell der Klosteranlage Cluny III zeigt den Bauzustand des frühen 13. Jahrhunderts. Der damalige Neubau von Cluny war der größte Sakralbau des europäischen Mittelalters.
(Stiftung *Kloster Dalheim*. LWL-Landesmuseum für Klosterkultur)

N

EINE FRAGE DER LESEFÄHIGKEIT – ARBEITSTEILUNG IM KLOSTER

■ Auch nach den Reformbeschlüssen von 816 bis 819 bestreiten die Klöster ihren Lebensunterhalt vornehmlich durch Eigenbewirtschaftung der Ländereien, auch wenn diese zunehmend verpachtet werden.

Unter den lese- und sangeskundigen Chormönchen in Cluny und Hirsau ist der Anteil geweihter Priester bedeutend höher als in den Benediktinerklöstern alter Prägung. Die ungebildeten Laienmönche (lat. *fratres barbati*) unterscheiden sich von ihnen durch Lebensform und Kleidung.

Die Laienbrüder haben ihren Platz im Gotteshaus in dem durch Schranken abgeteilten Konversenchor, wo sie mit auswendig gelernten Gebeten in der Landessprache nur einen reduzierten liturgischen Tagesablauf absolvieren. An die Stelle von Lektüre und Studium tritt bei ihnen die körperliche Arbeit in den Wirtschaftsgebäuden der Abtei oder auf auswärtigen Klosterhöfen, den Grangien. In allem anderen sind sie den Chormönchen aber gleichgestellt.

> *Müßiggang ist der Seele Feind. Deshalb sollen die Brüder zu bestimmten Zeiten mit Handarbeit, zu bestimmten Stunden mit heiliger Lesung beschäftigt sein. [...] Wenn die Ortverhältnisse oder die Armut fordern, dass sie die Ernte selber einbringen, sollen sie nicht traurig sein. Sie sind dann wirklich Mönche, wenn sie wie unsere Väter und die Apostel von ihrer Hände Arbeit leben.*
>
> (Benediktregel, Kapitel 48, 1+7)

Das Foto aus dem Jahr 1936 zeigt Laienbrüder eines Benediktinerklosters in Limerick (Irland) auf dem Weg zur Gartenarbeit.

O

KRISE UND ABSPALTUNG – DIE ZISTERZIENSER

■ Aus einer Reformbewegung um den Benediktiner Robert de Molesme (* um 1028, † 1111) entsteht ein neuer Orden. 1098 gründet Robert das Kloster Cîteaux (lat. *Cistercium*). Sein Ziel ist eine strikte Befolgung der Benediktregel in eremitischer Abgeschiedenheit, asketischer Strenge, Armut und Einfachheit. Selbst Pachteinkünfte, Privilegien und Pfarrseelsorge lehnt er anfänglich ab.

1113 bis 1115 entstehen die vier Primarabteien La Ferté, Pontigny, Clairvaux und Morimond. Bernhard von Clairvaux (* um 1090, † 1153) tritt 1113 in den Orden ein und führt ihn in eine neue Dimension: Von Cîteaux und den vier Primarabteien ausgehend entstehen in ganz Europa Hunderte von Tochterklöstern, wegen der bewussten Weltabkehr des Ordens häufig in dünn besiedelten Gebieten.

Die neuen Klöster unterstehen dem Mutterkloster der jeweiligen Filiation, dessen Abt sie durch regelmäßige Visitationen kontrolliert. Das jährlich tagende Generalkapitel aller Äbte ist die oberste Autorität in dem seit 1184 dem Papst unterstellten Orden, der Maria als seine Patronin verehrt.

Einundzwanzig Mönche zogen mit dem Vater des Klosters (Molesme) aus, nämlich Robert seligen Andenkens. Es drängte sie auszuführen, was sie gemeinsam beraten hatten und einmütig erstrebten. Nach vielen Mühen und großen Schwierigkeiten – die alle erleiden müssen, die fromm in Christus leben wollen – kamen sie endlich zum Ziel ihrer Sehnsucht, nach Cîteaux, das damals eine schreckliche Einöde war. Die Streiter Christi waren indessen der Meinung, die unwirtliche Gegend passe gut zu dem einmal gefassten Entschluss. Sie hielten den Platz, der ihnen von Gott bestimmt war, für passend, so wie das Vorhaben ihm teuer war.

(*Exordium Cistercii* – Gründungsgeschichte des Zisterzienserordens, um 1120)

Dieses Gemälde aus dem 17. Jahrhundert zeigt Maria mit den Heiligen Benedikt von Nursia und Bernhard von Clairvaux. Letzteren zeichnet die Gottesmutter dadurch aus, dass sie sich ihm zuwendet.
(Stiftung *Kloster Dalheim*. LWL-Landesmuseum für Klosterkultur)

(H)ORTE DES WISSENS – KLÖSTERLICHE SKRIPTORIEN UND BIBLIOTHEKEN

Die klösterlichen Skriptorien kopieren nicht nur liturgische Bücher sondern verschriftlichen auch neue Erkenntnisse. In den Bibliotheken finden sich neben Heiligenviten und theologischen Schriften der Kirchenväter daher zum Beispiel auch musiktheoretische Schriften. Neben den Sieben Freien Künsten studiert man auch Medizin und Rechtswissenschaften.

Ihre intensive Auseinandersetzung mit den Wissenschaften und der Literatur macht die Klöster auch zu Bewahrern des antiken Wissens, das sie über das Mittelalter bis in die Neuzeit überliefern. Viele klösterliche Bibliotheken wachsen so zu wahren Schatzkammern des Wissens heran.

Jede Klosterbibliothek besitzt auch eine Abteilung mit „verbotenen Büchern“. Was dort steht, darf man nur mit ausdrücklicher Genehmigung des Abtes lesen, da diese Bücher ein gutes und von Frömmigkeit geleitetes Urteilsvermögen erfordern. Nur so kann man sie – aus Sicht der Kirche – richtig einschätzen und für eigene Studien auswerten, ohne in „Gefahr“ oder in Versuchung zu geraten.

Konstantin der Afrikaner

Auf Reisen durch Indien und Ägypten eignet sich der arabische Kräuterhändler Konstantin der Afrikaner (* um 1020, † 1087) Kenntnisse in Medizin und Pharmazie an. Zurück in der Heimat verdächtigt man ihn der Zauberei, und er flieht nach Italien, wo er um 1075 an der Schule von Salerno studiert. Enttäuscht über die dortige Fachliteratur reist er erneut nach Afrika und sammelt medizinische Werke der griechisch-arabischen Welt. Später übersetzt er diese als Mönch im Kloster Montecassino ins Lateinische.

Mit dem *Decretum Gratiani* entsteht um 1140 erstmals eine verbindliche Zusammenstellung des Kirchenrechts. Der in zwei Spalten niedergeschriebene Text Gratians (* Ende 11. Jahrhundert, † vor 1160) ist von einem Kommentar des Bartholomäus Brixiensis (* um 1200, † 1258) umrahmt. (St. Paul, Benediktinerstift, Cod. 3/3)

Q ZURÜCK ZUR QUELLE – SPÄTMITTELALTERLICHE REFORMBEWEGUNGEN

■ Für die mitteleuropäischen Benediktinerklöster sind im Spätmittelalter drei Erneuerungsbewegungen von größerer Bedeutung: In Schwaben und Bayern ist die vom österreichischen Benediktinerstift Melk eingeleitete Reform besonders einflussreich. Eine vom oberpfälzischen Kastl im 15. Jahrhundert ausgehende Reform erreicht dagegen in Süddeutschland nur etwa 25 Klöster.

Für Norddeutschland ist vor allem die nach dem Weserkloster Bursfelde benannte Reform bedeutend. Die von Trier ausgehende Bewegung setzt sich nach 1430 in der niedersächsischen Benediktinerabtei Clus und in Bursfelde selbst durch. Von dort erlebt sie vor allem in Westfalen einen großen Aufschwung.

Kennzeichnend für die Observanz der Bursfelder Reform ist eine Gottesdienstordnung, die gemeinschaftliches Gebet im Wechsel mit individueller Meditation vorsieht. Hinzu kommen organisatorische Neuerungen, welche die jährlich abgehaltenen Generalkapitel festgelegen. Visitatoren kontrollieren, dass die Mitgliedsklöster die Beschlüsse einhalten.

Und wann du dir selber nicht traust, das du dich vermesst zu wissen, was Got well, so hast du dich enpholhen deinen obrigsten, das er sich weis, und hast im geben dein hant, das du verhaizzen hast, nach deins ardens regel zu leben, das er dich laitt in den weg Gots, darumbtzimbt dir furpas nicht mer, nach deinem willen ze leben.

(Johannes von Speyer: Wie sich die laypruder sullen hallten. In: *Consuetudines Mellicenses*)

Johannes von Speyer schrieb 1441 zur Einführung der Melker Reform im Kloster Ettal Anweisungen für den Tagesablauf der Laienbrüder.

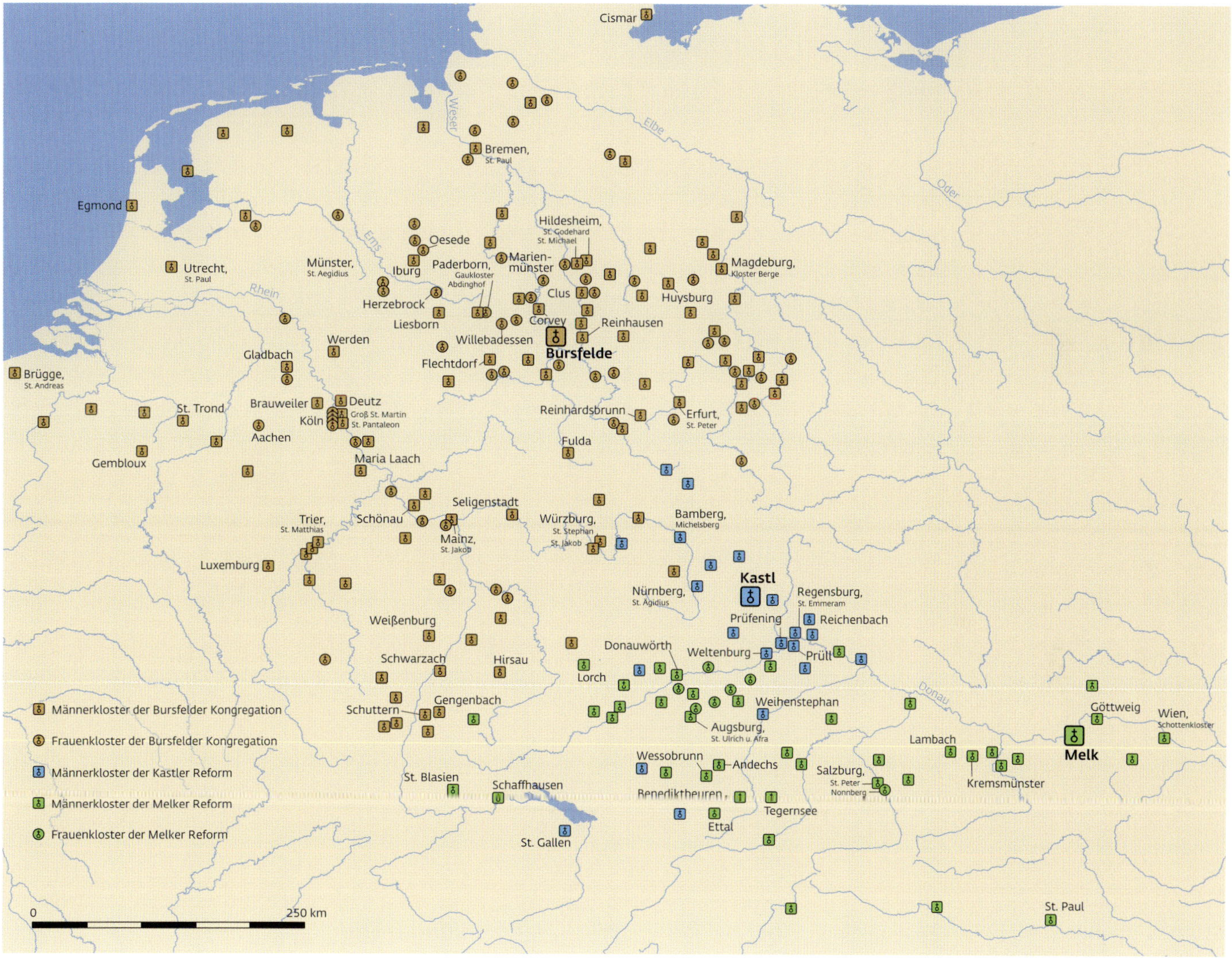

Die benediktinischen Reformzentren Bursfelde, Kastl und Melk mit ihrem jeweiligen Wirkungskreis.

R

GEFÄSSE, BÜCHER UND GEWÄNDER – MITTELALTERLICHE KIRCHENSCHÄTZE

■ Zu den in der Benediktregel festgelegten Stundengebeten versammeln sich die Ordensleute im Chorgestühl ihrer Kirche. Nichts darf dem Gottesdienst vorgezogen werden. Daher legen die benediktinischen Klöster sehr großen Wert auf die Pflege der Liturgie und speziell auf den gemeinsamen Chorgesang. Dieser dient zusammen mit den Sologesängen der Kantoren dem Kontakt zu Gott und der eigenen Erbauung, damit Herz und Stimme im Einklang sind. Bis zum 10. Jahrhundert überliefert man die Melodien des Gregorianischen Chorals ausschließlich mündlich.

Bei der Wandlung im Rahmen der Liturgie, der sogenannten Transsubstantiation, wird die Hostie zum Leib und der Wein zum Blut Christi. Kelche und Patenen, die zu den *vasa sacra* (lat. für „geheiligte Gefäße") gehören, kommen mit diesen heiligen Substanzen in Berührung und müssen daher vergoldet sein. Kreuze und liturgische Handschriften, Reliquiare und prachtvolle Gewänder dienen der weiteren feierlichen Ausgestaltung der Gottesdienste.

Leonhard Wagner

Der berühmte Schreibmeister Leonhard Wagner (* 1453, † 1522), ein Benediktiner aus dem Kloster St. Ulrich und Afra in Augsburg, vollendet über 50, meist liturgische Handschriften, unter anderem für so prominente Auftraggeber wie Kaiser Maximilian (1459–1519). Als Lehrer für die Kunst des Schreibens reist er durch Süddeutschland und unterrichtet Mönche anderer Klöster. Wagner gilt als Erfinder der Fraktur-Schrift, der bis zum Anfang des 20. Jahrhunderts meistbenutzten Druckschrift im deutschsprachigen Raum.

Der Einband des Reichenauer Sakramentars besteht aus einem Silberrahmen mit aufgesetzten Evangelistenmedaillons und einer Elfenbeintafel aus dem 9. Jahrhundert.
(St. Paul, Benediktinerstift)

S

ANDACHT GEMEINSAM ODER ALLEIN – SPÄTMITTELALTERLICHE KIRCHENAUSSTATTUNG

■ Die Reformbewegungen des 15. Jahrhunderts führen auch in den benediktinischen Klöstern zu einer neuen Blüte, die sich in anspruchsvollen Neubauten und Ausstattungen der Klosterkirchen zeigt. Dabei konzentriert man sich vor allem auf die Altäre, die seit dem 13. Jahrhundert zunehmend mit aufwendigen Altaraufsätzen ausgestattet werden. Auf den Tafeln der Altäre erscheinen häufig Konventmitglieder als Stifter.

Zwischen dem 13. und 15. Jahrhundert verändert sich die christliche Frömmigkeitspraxis grundlegend. Sie konzentriert sich nun auch stärker auf die persönliche Andacht, auch bei den Ordensleuten in den Stiften und Klöstern. Kleine Skulpturen und Gemälde dienen ihnen zu privaten Gebetsübungen. Typische Andachtsbilder sind neben Madonnenfiguren besonders Vesperbilder, die Maria mit dem toten Sohn auf dem Schoß zeigen.

Abt Nikolaus Schenk von Arberg

Der adelige Abt Nikolaus Schenk von Arberg (1462–1477) sorgt für große Veränderungen im Benediktinerkloster Lorch und führt dort die Melker Reform ein. Sein Wunsch nach Veränderung zeigt sich zudem in einer lebhaften Bautätigkeit. Der Abt erneuert zum Beispiel die Kirche St. Ägidien: Der romanische Chor der Klosterkirche erhält spätgotische Formen, und im Mittelschiff entsteht eine Tumba für die Gebeine der staufischen Stifterfamilie.

Auf der kleinen Tafel aus der Werkstatt des Meisters von Liesborn wendet sich das Jesuskind auf dem Arm der Muttergottes einem knienden Benediktinermönch zu.
(Münster, LWL-Landesmuseum für Kunst und Kulturgeschichte (Leihgabe des Westfälischen Kunstvereins))

T

SCHWERE ZEITEN – DIE REFORMATION

■ 1517 kritisiert Martin Luther (* 1483, † 1546) öffentlich unter anderem den kirchlichen Ablasshandel und die Ämterhäufung. Er wendet sich ebenfalls gegen die Zustände in den Klöstern. Seine zunächst auf eine Reform zielende Kritik führt zur Glaubensspaltung und zu zahlreichen Klosteraustritten. Nach dem Augsburger Religionsfrieden von 1555 bestimmt jeder Landesherr die Konfession seiner Untertanen. In den protestantischen Territorien werden fast alle Klöster aufgehoben.

Während die lutherische Reformation vornehmlich in Deutschland und Skandinavien greift, gelangt das Gedankengut der Reformatoren Zwingli und Calvin über die Niederlande auch bis nach Großbritannien. Der englische König Heinrich VIII. (1509–1547) sagt sich von der römischen Kirche los und erklärt sich zum Oberhaupt der Kirche von England. 1538 löst er die Klöster des Landes auf und beschlagnahmt deren Besitztümer.

Die Reformation hat auch für den Benediktinerorden schwere Folgen: Im 16. und 17. Jahrhundert geht von seinen 1550 Abteien in Europa etwa die Hälfte verloren.

Vnd das ist die Lesterung des nahmen gots vnter den Heyden, das die Heylickeyt vnnd Heylig machung einem anderen denn dem nahmen gotts wirtt zugelegt. Denn allenthalben hoert man sie also zu gleich redenn / vnser heylige samlung / vnser heyliger orden / gleychsam wird yemants heylig oder frum durch die orden / oder gleychsam sey das heylickeyt / ynn den ordensleben / so alleyn der nahme des Herrn heylig macht / vnd alleyn die recht heylickeyt ist ynn den selben vertrawen vnnd auff den ynn starcken muttigen glauben trotzen.

(Von denn geystlichen und kloster gelubden Martini Luthers urteyll, 1522)

Der Kupferstich von Lucas Cranach d. Ä. (* 1472, † 1553) zeigt Luther als Mönch. Er gehörte von 1505 bis 1524 dem Kloster der Augustiner-Eremiten in Erfurt an.
(Berlin, Staatliche Museen - Kupferstichkabinett)

U NEUE WEGE –
TRIENT UND DIE KATHOLISCHE REFORM

Die Reformation stellt die katholische Kirche vor existenzielle Fragen. Um Reformen auf den Weg zu bringen, beruft sie 1545 im italienischen Trient ein großes Konzil ein. Das Ziel: Der Katholizismus soll zur alten Geschlossenheit zurückfinden. Der Wunsch nach einheitlichen kirchlichen Zeremonien führt zur allgemeinen Verbindlichkeit des römischen Messbuchs.

In der Heiligenverehrung und den glanzvollen Prozessionen grenzt sich die katholische Kirche auch in der Außenwirkung deutlich vom Protestantismus ab. Karl Borromäus (* 1538, † 1584), Erzbischof von Mailand, verfasst 1576 allgemeingültige Regeln zur Kirchenarchitektur und -ausstattung. So soll die Hostie in einem Tabernakel für alle sichtbar auf dem Hauptaltar platziert werden und damit die katholische Lehre bekräftigen.

Die katholische Reform reagiert direkt auf die Kritik an der Kirche: Der Ablasshandel und die Ämterhäufung werden unterdrückt, und zur besseren Ausbildung der Seelsorger gründet man Priesterseminare.

> *Wir […] hatten nie einen anderen Vorsatz als den, sobald wie möglich eine allgemeine Kirchenversammlung einzuberufen; wir hofften, dadurch dem christlichen Volke den Frieden und der Kirche Christi die Einheit wiederzugeben […]. Wir mussten nämlich zu Unserem großen Schmerze sehen, wie es mit der Sache der Christenheit täglich schlimmer wurde, Ungarn von den Türken unterdrückt, Deutschland in Gefahr, die ganze Welt durch Furcht und Trauer niedergeschlagen.*
>
> (Bulle Papst Pauls III. zur Einberufung des Konzils nach Trient, 22. Mai 1542)

Angesichts der Reformation bemüht sich Papst Paul III. (1534–1549) um eine Erneuerung der Kirche. 1545 eröffnet er das Konzil von Trient.
(Piacenza, Musei Civici di Palazzo Farnese)

V THEATRUM SACRUM – BAROCKE KIRCHENAUSSTATTUNG

■ Das Konzil von Trient definiert zwischen 1545 und 1563 die katholischen Glaubensinhalte und legt den römischen Ritus für die Liturgie verbindlich fest. Man will so das neue katholische Selbstbewusstsein in einer grandiosen Prachtentfaltung nach außen tragen. Die reiche Ausstattung mit Altären, Skulpturen, Malereien und Stuckaturen verwandelt den Kirchenraum zum Festsaal, der die Gläubigen beeindrucken und in Staunen versetzen soll. Raumgestaltung, prächtige liturgische Textilien, kostbares sakrales Gerät, mehrstimmiger Gesang und Instrumentalmusik machen die Messe zum *theatrum sacrum*, zum heiligen Theater, das alle Sinne der Gläubigen anspricht. Heiligenverehrung und Reliquienkult erleben einen neuen Aufschwung. In prächtigen Schaugefäßen werden den Gläubigen die Reliquien präsentiert. In vielen Klöstern befinden sich Gnadenbilder, zu denen die Gläubigen der Region pilgern. Die Ordensleute beteiligen sich aktiv an der Organisation und Betreuung von Wallfahrten.

Karl Borromäus

Als Erzbischof von Mailand verfasst Karl Borromäus (1560–1584) im Jahr 1576 ein zweibändiges Werk über den Bau und die Ausstattung von Kirchen. Er beschäftigt sich darin mit der Architektur und dem Mobiliar sowie mit liturgischen Geräten und Textilien. Mit seinem Reformprogramm folgt er dabei den Forderungen und Beschlüssen des Trienter Konzils zur Erneuerung der katholischen Kirche. Karl Borromäus will mit seiner Kunst- und Baupolitik aus Mailand ein zweites Rom machen.

Der aus purem Gold gefertigte barocke Messkelch ist ein Meisterwerk der Augsburger Goldschmiedekunst und ein Geschenk Kaiser Karls VI. (1711–1740) an das Benediktinerstift St. Blasien.
(St. Paul, Benediktinerstift)

W

PALÄSTE DES GLAUBENS – GEISTLICHE UND WELTLICHE REPRÄSENTATION

Nachdem die Folgen des Dreißigjährigen Krieges (1618–1648) überwunden sind, bricht für die Klöster eine Zeit wirtschaftlichen Aufschwungs an. Auch viele Benediktinerkonvente beginnen, ihre Klostergebäude im Stil des zeitgenössischen Schlossbaus umzugestalten.

Vor allem in Süddeutschland, Österreich und der Schweiz entstehen gewaltige „Paläste des Glaubens", die geistliche und weltliche Funktionen erfüllen: Sie sollen sichtbare Zeichen sowohl der *ecclesia triumphans*, der über die reformierten Konfessionen triumphierenden katholischen Kirche, als auch der weltlichen Macht der Klöster sein. Das Repräsentationsbedürfnis der Äbte äußert sich auch in einer regen Sammeltätigkeit: In Gemäldegalerien und Graphikkabinetten präsentieren sie Werke namhafter Künstler, in Kunst- und Wunderkammern sammeln sie Kuriositäten aus aller Welt.

Die Bestände des Benediktinerklosters St. Blasien gelangen im 19. Jahrhundert in das österreichische Benediktinerstift St. Paul. Sie sind ein großartiges Beispiel für eine klösterliche Sammlung hochrangiger Kunstschätze.

Abt Rupert II. Neß von Ottobeuren

Rupert Neß (* 1670, † 1740), Sohn eines Schmiedemeisters aus Wangen, legt 1688 in der Benediktinerabtei Ottobeuren seine Ordensgelübde ab. Im Jahr 1710 wird er zum Abt dieser süddeutschen Abtei gewählt, für deren Geschichte er von großer Bedeutung ist. So erreicht er für sein Kloster nicht nur die Rangerhöhung zur Reichsabtei, sondern er ist auch Bauherr und Initiator des umfassenden Neubaus der Klosteranlage.

Die Ölskizze des Peter Paul Rubens „Anbetung der Hirten“ ist eine Vorstudie für ein Altarblatt das Rubens’ Werkstatt 1621/22 in leicht abgewandelter Form für die Kathedrale von Soissons (Frankreich) ausführt.
(St. Paul, Benediktinerstift)

X FORSCHER UND GELEHRTE – STREBEN NACH ENZYKLOPÄDISCHEM WISSEN

■ Die Pflege der Wissenschaften ist in den Benediktinerklöstern auch im Barock sehr bedeutend. Dies zeigen prächtige Klosterbibliotheken und Lehrsammlungen mit mathematischen und astronomischen Instrumenten sowie mineralogischen, botanischen und zoologischen Abteilungen.

Die 1623 gegründete Benediktineruniversität in Salzburg ist das wissenschaftliche Zentrum der Benediktinerklöster im süddeutschen und österreichischen Raum. Viele Mönche kommen zum Studium hierher. Benediktiner stellen hier außerdem Professoren und Rektoren.

Wegweisend für die Geschichtswissenschaften sind die Benediktiner der französischen Kongregation von Saint-Maur. Die sogenannten Mauriner studieren im 17. Jahrhundert intensiv historische Urkunden und Quellen, um die Kirchengeschichte zu erforschen. Ihr Wirken lässt die Geschichtsforschung im Benediktinerorden aufblühen und fördert die Pflege der Bibliotheken und Archive. Der bedeutendste Mauriner ist der französische Gelehrte Jean Mabillon (* 1632, † 1707).

Abt Michael Dobler von Neresheim

Michael Dobler ist zwischen 1787 und 1802 Abt der Benediktinerabtei Neresheim. Er interessiert sich besonders für die Naturwissenschaften und lässt ein sogenanntes physikalisches Kabinett nach dem neuesten Stand der Wissenschaft und Technik mit vielen Versuchs- und Messinstrumenten einrichten. Ein besonderer Schwerpunkt ist hier die Beschäftigung mit der Elektrizitätslehre, einer im 18. Jahrhundert noch jungen Wissenschaft.

Der Kupferstich zeigt in allegorischer Weise die Bedeutung der Geschichtswissenschaften in Klöstern. Der gelehrte Benediktiner Bernhard Pez (* 1683, † 1735) vertieft sich in seine Bücher, wobei ihm zahlreiche Putten assistieren.
(Münster, Universitäts- und Landesbibliothek)

Y

EIN GLÄNZENDER ABT – MARTIN II. GERBERT VON ST. BLASIEN

■ Die Äbte und Fürstäbte des Barock prägen häufig nicht nur die Geschichte ihres eigenen Klosters, sondern können durch ihre Machtstellung auch weit über ihr Territorium hinaus Einfluss ausüben.

Einer der herausragenden benediktinischen Äbte des 18. Jahrhunderts ist Fürstabt Martin II. Gerbert von St. Blasien (1764–1793). Bereits als 26-jähriger wird er zum Professor für Dogmatik ernannt und verfasst bis zu seiner Abtswahl zahlreiche Werke zur Theologie und Kirchengeschichte. Er ist der Begründer der Reihe *Germania Sacra*, einer groß angelegten Kirchengeschichte Deutschlands.

Mit 44 Jahren wird Martin zum Abt von St. Blasien gewählt. Nun steht er nicht nur einem Konvent von fast 100 Mönchen vor, sondern er übernimmt auch noch die Sorge für etwa 26 000 Untertanen. Fürstabt Gerbert kümmert sich nun vor allem um politische Belange sowie um wirtschaftliche und soziale Verbesserungen in seinem Herrschaftsgebiet. Darüber hinaus ist er auch der Bauherr der neuen Klosteranlage und ein bedeutender Kunstsammler.

> *Gerbert war vom Schöpfer mit reichen Geistesgaben ausgestattet, Gerbert besaß ein klares Auge, ein offenes Herz für die Erfordernisse seiner Zeit, Gerbert war endlich unter Anstrengung aller seiner Fähigkeiten bemüht, selber ganz zu sein, was er sein sollte und wollte und auch die Seinen zur vollen Hingabe an ihren Beruf zu erziehen. Er und seine Mönche sind ganze und echte Benediktiner gewesen, die vollen Ernst gemacht haben mit dem alten Ordenswahlspruch „Bete und arbeite“.*
>
> (P. Justinus Uttenweiler, 1920, anlässlich Martin II. Gerberts 200. Geburtstag)

Auf diesem Repräsentationsporträt trägt Fürstabt Martin II. Gerbert das kostbare Brustkreuz, das ihm Kaiserin Maria Theresia schenkte.
(St. Paul, Benediktinerstift)

Z

AUFHEBUNG UND NEUBEGINN – DIE SÄKULARISATION

■ Das Ende des 18. Jahrhunderts bringt eine Zäsur in der Geschichte vieler Klöster und damit auch für den Benediktinerorden: Die Aufklärung sieht in Klöstern Bollwerke gegen die Vernunft, welche die natürliche Entwicklung des Einzelnen und der Gesellschaft behindern.

1780 beginnt Kaiser Joseph II. (1765–1790) in Österreich eine tiefgreifende Klosterreform: Er hebt über 200 Klöster auf, die nicht in der Krankenpflege, im Schulwesen oder in der Seelsorge tätig sind. In Frankreich bedeutet die Französische Revolution für viele Klöster das Ende.

Die Napoleonischen Kriege haben auch für den deutschen Raum Folgen: 1801 verlieren viele Fürsten durch den Frieden von Lunéville ihre linksrheinischen Gebiete an Frankreich. Durch die Säkularisation von 1803 werden diese Fürsten mit den rechtsrheinischen Kirchengütern dafür entschädigt.

Trotz dieser schwerwiegenden Umwälzungen erlischt das benediktinische Ordensleben jedoch nicht: Viele klösterliche Gemeinschaften werden im Laufe des 19. Jahrhunderts wiederbelebt oder neu gegründet.

Papst Pius VII.

Mit 16 Jahren tritt der spätere Papst Pius VII. in das Benediktinerkloster Santa Maria del Monte bei Cesena (Italien) ein. Er wird Abt des Klosters San Callisto in Rom, dann Bischof von Tivoli und Imola und im Jahr 1800 Papst (1800–1823). Sein Pontifikat ist vom Konflikt mit Napoleon Bonaparte (* 1769, † 1821) geprägt. Dessen Machtstreben und militärische Erfolge begrenzen die Handlungsmöglichkeiten des Papstes. Deshalb kann Pius VII. die Säkularisation in den deutschsprachigen Gebieten nicht verhindern.

Berthold III. Rottler (1801–1806) ist der letzte Fürstabt des Benediktinerklosters St. Blasien. Als die Abtei 1807 aufgehoben wird, übersiedelt er mit seinem Konvent nach Paul im Lavanttal (Kärnten/Österreich).
(St. Paul, Benediktinerstift)

SUCCISA VIRESCIT –
ABGEHAUEN ERGRÜNT ER WIEDER

Das Wiedererstarken des benediktinischen Mönchtums nach der Säkularisation beginnt 1833 mit der erneuten Besiedlung des Klosters Solesmes bei Le Mans (Frankreich). Bekannt wird Solesmes durch liturgie- und musikgeschichtliche Studien und die besondere Pflege des Gregorianischen Gesangs.

In Bayern fördert König Ludwig I. (1825–1848) die Wiederbelebung aufgelöster Benediktinerkonvente. 1859 formiert sich hier die Bayerische Benediktinerkongregation mit dem Münchner Kloster St. Bonifaz an der Spitze. Die 1863 gegründete Erzabtei Beuron an der Donau wird zum Zentrum der gleichnamigen Kongregation. Die Abtei prägt einen eigenen Kunststil, die Beuroner Kunstschule. Aus der 1887 gegründeten Missionsgemeinschaft St. Ottilien entwickelt sich die Kongregation der Missionsbenediktiner. Bis heute sind sie auf der ganzen Welt tätig.

Das Ordensleben erleidet jedoch auch immer wieder Rückschläge, zum Beispiel in der Zeit des Kulturkampfes, als der preußische Staat „Klostergesetze" erlässt. Diese bedeuten für viele Ordenshäuser das Ende oder die Emigration.

Heute zählt der Benediktinerorden im deutschsprachigen Raum wieder etwa 60 Männer- und 40 Frauenklöster.

Wenn du also zum himmlischen Vaterland eilst, wer immer du bist, nimm diese einfache Regel als Anfang und erfülle sie mit der Hilfe Christi. Dann wirst du schließlich unter dem Schutz Gottes zu den oben erwähnten Höhen der Lehre und der Tugend gelangen. (Amen.)

(Benediktregel, Kapitel 73, 8–9)

Ein hoffnungsvolles Symbol für die Zukunft: Ein abgehauener Baum, der wieder austreibt, ist das Wappenmotiv des Klosters in Montecassiono (Italien). Der Wappenspruch *succisa virescit* (lat. für „abgehauen ergrünt er wieder") ist der Leitspruch aller Benediktiner.

MULTIMEDIA TRIFFT AUF GESCHICHTE

Vom Leben und von der Ordensregel des heiligen Benedikt über den St. Galler Klosterplan bis hin zu einer modernen Darstellung der Schöpfungsgeschichte setzen die im Kloster Dalheim dauerhaft präsentierten Installationen des preisgekrönten österreichischen Multimedia-Künstlers Peter Hans Felzmann maßgebliche Aspekte der Glaubens- und Ordensgeschichte mit der Gegenwart in Bezug. Mittels neuester Mediatechniken und innovativer Inszenierungsmethoden bewegen sich die Kunstwerke dabei zwischen Information, ästhetischer Faszination und medialem Erlebnis.

Die Benedikt-Installationen im Westkeller der mittelalterlichen Klausur vermitteln auf verschiedenen Handlungsebenen die Botschaft und das Leben des heiligen Benedikt. Sie zeigen den Ordensgründer sowohl in seiner Spiritualität als auch als Persönlichkeit und heben darin die Grenzen zwischen dem 5. und 21. Jahrhundert auf. Die von Papst Gregor I. erzählte Lebensgeschichte Benedikts stellt szenische Deutungen dokumentarischer Information gegenüber. In diesem Kontext interpretiert die multimediale Umsetzung der *Regula Benedicti* die Ordensregel als Dialog Benedikts mit den Menschen. Im Kontrast zu den alten Gemäuern des Kellers führen zwei hochmoderne Flachbildschirme einen Dialog. Als Denker von damals spricht die Figur Benedikts so heute mit jenen, die „Ohren haben, um zu hören" – wie Benedikt schon in seiner Ordensregel schrieb. Damit spielt die Installation nicht zuletzt auch auf die zunehmende Wiederentdeckung der benediktinischen Grundsätze im Rahmen innerbetrieblicher Organisation oder Mitarbeiterführung in der heutigen Wirtschaft an.

Der frühesten und umfangreichsten erhaltenen Visualisierung eines klösterlichen Baukomplexes aus dem Mittelalter widmet sich die Medienstation zum St. Galler Klosterplan. Sie erläutert das einzigartige Dokument aus dem 9. Jahrhundert als eine Art Organigramm, das die idealtypische Architektur und Anordnung der Funktionsräume eines Klosters wie Schreibstube, Wärmestube, Kapitelsaal oder Schlafsaal vorführt. Die Aufbereitung der detailreichen Planzeichnung sucht den Ausgleich zwischen einer für den Laien verständlichen Darstellung und wissenschaftlicher Relevanz.

Was war vorher? Was kam nachher? Die Installation zur Schöpfung setzt bereits vor dem Urknall an und stellt in der Folge in beindruckenden Bildern wissenschaftliche Forschungsergebnisse der christlichen Schöpfungslehre ge-

„*Ausculta o fili* ...“ – Leben und Werk des heiligen Benedikt eindrucksvoll in Szene gesetzt.

Kein Bauplan, sondern eine Art Organigramm – Der St. Galler Klosterplan.

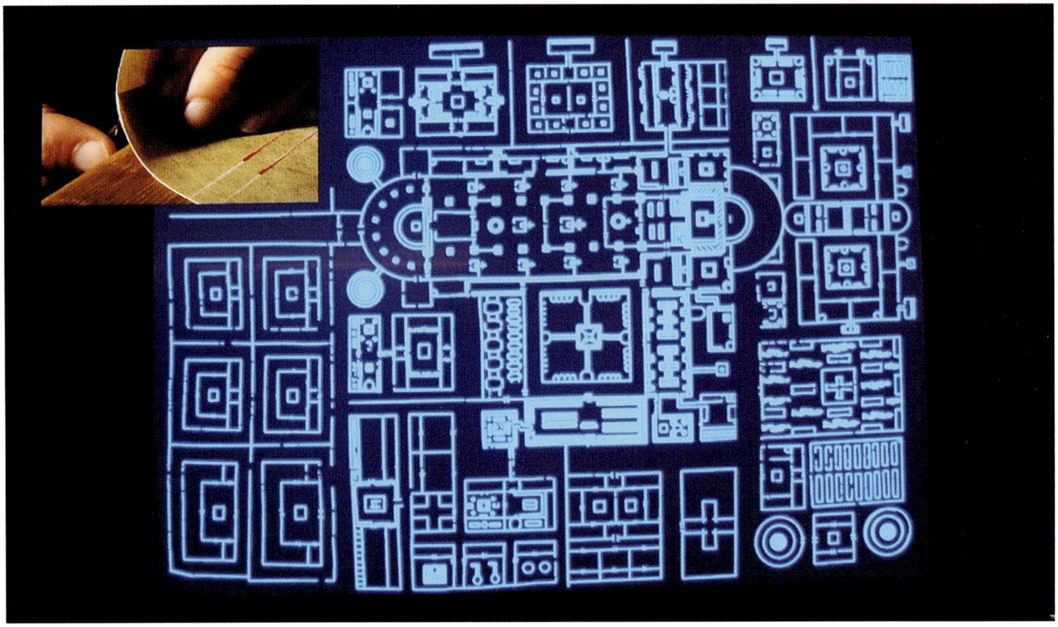

genüber. In abwechslungsreichen Schlaglichtern aus Geschichte und Gegenwart thematisiert sie den menschlichen Umgang mit der Schöpfung. Die spezielle Multimedia-Technik der Installation sowie der ausgeklügelte Baukörper erlauben dabei einen ungewöhnlichen und überraschenden Panoramablick, der die Begrenztheit des Ausstellungsraumes völlig vergessen macht.

„Am Anfang schuf Gott Himmel und Erde..." – Die „Schöpfung" im Kloster Dalheim.

EXPONATVERZEICHNIS

Herkunft der Leihgaben

- Cluny = Musée d'Art et d'Archéologie, Cluny
- Dalheim = Stiftung *Kloster Dalheim.* LWL-Landesmuseum für Klosterkultur
- Emmerich = Katholische Kirchengemeinde St. Christophorus, Emmerich am Rhein
- Hirsau = Klostermuseum Hirsau – Staatliche Schlösser und Gärten Baden-Württemberg
- Kremsmünster = Benediktinerstift Kremsmünster
- Münster, LA NRW = Landesarchiv Nordrhein-Westfalen, Münster
- Münster, LM = LWL-Landesmuseum für Kunst und Kulturgeschichte, Münster
- Osnabrück = Diözesanmuseum, Osnabrück
- Paderborn = Erzbischöfliche Akademische Bibliothek, Paderborn
- Regensburg = Museen der Stadt Regensburg
- St. Gallen = Stiftsbibliothek St. Gallen
- St. Paul = Benediktinerstift St. Paul im Lavanttal
- Trier, Stadtbibliothek = Stadtbibliothek Trier
- Trier = Katholische Kirchengemeinde Liebfrauen, Trier

Die Katalogkonkordanz bezieht sich auf:

Macht des Wortes. Benediktinisches Mönchtum im Spiegel Europas (anlässlich der Ausstellung „Macht des Wortes. Benediktinisches Mönchtum im Spiegel Europas“ in der Benediktinerabtei St. Paul im Lavanttal, Kärnten, 26. April – 8. November 2009, in der Stiftung *Kloster Dalheim.* LWL-Landesmuseum für Klosterkultur im Jahr 2011), hrsg. von Gerfried Sitar OSB und Martin Kroker unter Mitarbeit von Holger Kempkens. 2 Bände, Schnell & Steiner, Regensburg 2009. ISBN 978-3-7954-2125-0

Macht des Wortes – Benediktinisches Mönchtum im Spiegel Europas

- Benedikt von Nursia, Philipp Jakob Straub, um 1770/74, Holz vergoldet, St. Paul (Katalog 3.1)

Von der Welt in die Wüste – Die Wurzeln des Mönchtums

- Die Versuchung des hl. Antonius, Josef Marcus Hermann, um 1780, Öl auf Holz, St. Paul (Katalog 2.14)

Geistige und geistliche Wurzeln – Die Schriften der Kirchenväter

- Horaz: Oden, Regensburg, 10. Jh., Pergament, St. Paul, Cod. 21/8 (Katalog 1.19)
- Vergil: *Aeneis X*, Regensburg (?), 11. Jh., Pergament, St. Paul, Cod. 22/8 (Katalog 1.21)
- Gregor der Große, Jusepe Ribera (Umkreis), Spanien, um 1640, Öl auf Leinwand, St. Paul (Katalog 3.18)
- Hieronymus, Jusepe Ribera (Umkreis), Spanien, um 1640, Öl auf Leinwand, St. Paul (Katalog 2.2)
- Vita des hl. Hieronymus, St. Blasien, E. 11. Jh., Pergament, St. Paul, Cod. 18/1 (Katalog 2.12)
- Augustinus, Jusepe Ribera (Umkreis), Spanien, um 1640, Öl auf Leinwand, St. Paul (Katalog 2.4)
- Augustinus: *De civitate Dei,* 15. Jh., Pergament, St. Paul, Cod. 36/3 (Katalog 2.15)
- Basilius, Jusepe Ribera (Umkreis), Spanien, um 1640, Öl auf Leinwand, St. Paul (Katalog 2.7)
- Gregor von Nazianz, Jusepe Ribera (Umkreis), Spanien, um 1640, Öl auf Leinwand, St. Paul (Katalog 2.6)
- Johannes Chrysostomus, Jusepe Ribera (Umkreis), Spanien, um 1640, Öl auf Leinwand, St. Paul (Katalog 2.8)
- *Tabula Peutingeriana*, Druckerei: Salomon Kleiner, 1753, Druck auf Papier, St. Paul (Katalog 1.1)
- *Statua conciliorum et summorum pontificum*, Oberitalien (Teil I fol. 1-153), Alpenraum (Teil II fol. 154-195), 8./9.

Jh., Pergament, St. Paul, Cod. 7/1 (Katalog 2.19)

- Hebräische Bibel, Süddeutschland, E. 12. Jh., Pergament, St. Paul, Cod. 84/1 (Katalog 2.13)

Benedikt von Nursia – Der Patron Europas

- Reliquienmonstranz mit Benediktreliquie, Nürnberg, 1. H. 15. Jh., Messing vergoldet, St. Paul (Katalog 3.4)
- Zertifikat zur Benediktreliquie, Konstantinopel, 1752, Papier, St. Paul (Katalog 3.5)
- Benediktuskelch und Benediktusgarnitur, Johann Jakob I. Frings, Augsburg, um 1700, Silber teilweise vergoldet, Edelsteine, Email, St. Paul (Katalog 3.6/3.7)
- Benedikt als Lehrender, Francesco Solimena (zugeschrieben), 1702 (?), Öl auf Leinwand, St. Paul (Katalog 3.16)
- Glorie des hl. Benedikt, Joseph Gottfried Prechler, Garsten, 1722, Deckfarbe auf Pergament auf Holz, Kremsmünster (Katalog 5.16)
- Stammbaum der Benediktiner, Joseph Gottfried Prechler, Garsten, 1721, Deckfarbe auf Pergament auf Holz, Kremsmünster (Katalog 5.17)
- Benedikt und Scholastika, Augsburg (?), 1. V. 17. Jh., Pergament, St. Paul (Katalog 3.12)
- Benedikt übergibt die Regel, Augsburg (?), 1. V. 17. Jh., Pergament, St. Paul (Katalog 3.13)

Viele Wurzeln, eine Regel – Benedikt und seine Nachfolge

- Johannes Diaconus: Vita des Papstes Gregor des Großen, Anf. 12. Jh., Pergament, St. Paul, Cod. 23/1 (Katalog 3.19)
- *Registrum Gregorii* (Faksimile), Meister des *Registrum Gregorii*, Trier, 983-985, Pergament, Trier, Stadtbibliothek, Hs. 171a (Katalog 3.20)
- *Regula Benedicti*, St. Gallen, nach 799; Einband: 16./17. Jh., Pergament, St. Gallen, Cod. Sang. 916
- *Regula Benedicti*, Elsass, 12. Jh., Pergament, St. Paul, Cod. 31/1 (Katalog 5.1)
- Bucheinband eines Missale, Johann David Saler, Augsburg, um 1695/1700, Holzkern, Silber, Samt, St. Paul (Katalog 3.9)
- Maurus, Philipp Jakob Straub, um 1770, Holz vergoldet, St. Paul (Katalog 3.10)
- Placidus, Philipp Jakob Straub, um 1770, Holz vergoldet, St. Paul (Katalog 3.11)

Mönche in der Fremde – Die irisch-angelsächsische Mission

- Taufe des Frankenkönigs Chlodwig, Franz Joseph Spiegler, vor 1740, Öl auf Leinwand, St. Paul (Katalog 4.8)
- Arche des hl. Willibrord, Niederrhein, Utrecht oder Hildesheim, um 1050/70; Kleve oder Nymwegen, um 1388/90; Anf. 16. Jh., Eichenholzkern, Goldblech, Kupfer mit Braunfirnis, Silber vergoldet, Edelsteine, Gemmen, Emmerich (Katalog 4.22)
- Willibrordus-Tragaltar, Byzanz, 8. Jh.; Trier, 11. Jh.; Mitte 12. Jh.; 1320, Holzkern, grüner Porphyr, Elfenbein, Silber, Kupfer vergoldet und Braunfirnis, Trier (Katalog 4.24)
- Der Heiligen Leben, Sommerteil: Ermordung des Bonifatius, Druckerei: Johannes Bämler, Augsburg, 1480, Papier, St. Paul (Katalog 4.26)
- Fragment aus dem Messbuch des Bonifatius, Bodenseegebiet, 7. und 8. Jh., Pergament, St. Paul, Cod. 979/0 (Katalog 4.27)
- Reliquienmonstranz mit Bonifatiusreliquie, Süddeutschland, Mitte 18. Jh., Silber vergoldet, Kupfer vergoldet und versilbert, St. Paul (Katalog 4.28)

Nur eine Regel für das Reich – Benedikt von Aniane

- *Institutio canonicorum concilii aquisgranensis*, 11. Jh., Pergament, St. Paul, Cod. 12/1 (Katalog 4.36)
- Kapitularien und Volksrechte, Mittel-/Norditalien oder Südfrankreich, 2. oder 3. Jahrzehnt 9. Jh., Pergament, St.

Paul, Cod. 4/1 (Katalog 4.29)

- Mainzer Geiselverzeichnis, Reichenau, um 805/06, Pergament, St. Paul, Cod. 6/1 (Katalog 4.31)

Exzellente Leistungen – Bodenseeklöster als kulturelle Zentren

- St. Galler Klosterplan (Faksimile), Reichenau, um 820–835, Pergament, Tusche, Eisengallustinte, St. Gallen, Ms. 1092 (Katalog 6.1)
- Reichenauer Schülerheft, Reichenau, 9. Jh., Pergament, St. Paul, Cod. 86b/1 (Katalog 4.12)
- St. Galler Legendar, St. Gallen, 1451/60, Papier, St. Gallen, Hs.-Nr. 602 (Katalog 4.14)
- St. Pauler Lukasglossen, 6./7. Jh., Pergament, St. Paul, Cod. 1/8 (Katalog 4.19)

Im Grenzgebiet – Klöster als Stützpunkte der Sachsenmission

- Kapitelle aus dem Westwerk der Abteikirche in Corvey (Abgüsse), Corvey, um 822–844 oder 873–885, Wesersandstein, Dalheim (Katalog 7.7)
- „Odysseus und Skylla" aus dem Westwerk der Abteikirche in Corvey (maßstabsgetreue Kopie), Corvey, vor 885; Kopie: Dina Kerciku, 1981, Malerei auf Putz, Dalheim
- Schutz- und Immunitätsprivileg Kaiser Ludwigs des Frommen (Faksimile), Ingelheim, 27. Juli 823, Perga-ment mit Wachssiegel, Münster LA NRW – Abteilung Westfalen, Kaiserurkunde 4 (Kloster Corvey, Urkunde 3)

Mehr Zeit für das Gebet – Die Reform von Cluny

- Rekonstruktionsmodell von Kirche und Kloster Cluny III, Entwurf: Clemens Kosch, Ausführung: IMModell® – U. Haselhuhn Modellbau/A. Hilbert, Lichtenstein 2009, Polystyrol, Maßstab 1:220, Dalheim (Katalog 7.11)
- Pilasterkapitell mit zwei Paaren von Monstern, Cluny, um 1120 bis 1135, Kalkstein, restauriert und in Stuck vervollständigt, Cluny (Katalog 7.12)
- Basis und Würfelkapitell aus der großen Klosterkirche in Hirsau, um 1110, Buntsandstein, Hirsau
- *Constitutiones Hirsaugienses,* Südwestdeutschland, Hirsau (?), um 1090; Corvey, Pergament, Paderborn (Katalog 7.21)
- Modell des Benediktinerklosters Allerheiligen in Schaffhausen, Entwurf: Clemens Kosch, Ausführung: IM-Modell® – U. Haselhuhn Modellbau, Lichtenstein 2010, Polystyrol, Maßstab 1:220, Dalheim

Krise und Abspaltung – Die Zisterzienser

- Maria mit Benedikt von Nursia und Bernhard von Clairvaux, Flandern, 2. H. 17. Jh., Öl auf Holz, Dalheim (Katalog 18.1)
- Bernhard von Clairvaux, Flandern (Mecheln oder Antwerpen), um 1520/30, Eichenholz, farbig gefasst, Dalheim

(H)Orte des Wissens – Klösterliche Skriptorien und Bibliotheken

- Tonar – *Commemoratio brevis de tonis et psalmis modulandis*, Pseudo-Hucbald, Süddeutschland, 10. Jh., Pergament , St. Paul, Cod. 132/6 (Katalog 12.1)
- Antiphonale / Hymnarium: Guidonische Hand, 13./14. Jh., Pergament, St. Paul, Cod. 913/0 (Katalog 12.5)
- Johannes von Muris: *Tractatus de musica*, Paris, 1323, Papier, St. Paul, Cod. 264/4 (Katalog 12.6)
- Versicularium der Messantiphonen (Faksimile), Mitte 10. Jh., Pergament, St. Gallen, Cod. 381
- Fragment einer musiktheoretischen Handschrift, 14. Jh., Pergament, St. Paul, Cod. 978/0 (Katalog 12.7)
- Glossar, Reichenau (?), 10. Jh., Pergament, St. Paul, Cod. 82/1 (Katalog 17.6)
- Hugo von Sankt Viktor: *In Salomonis Ecclesiasten Homiliae*, Engelberg, 12. Jh., Pergament, St. Paul, Cod.30/1

(Katalog 17.7)

- Paulusbriefe mit Kommentar des Petrus Lombardus, Giovanni da Gaibana, Padua, um 1260/80, Pergament, St. Paul, Cod. 2/3 (Katalog 17.9)
- Tatuinus: *Ars grammatica*, angelsächsisches Skriptorium auf dem Kontinent (?), E. 8. Jh., Pergament, St. Paul, Cod. 8/8 (Katalog 17.18)
- Ellenhard-Codex, Straßburg, 1290/99, Pergament, St. Paul, Cod. 37/1 (Katalog 17.20)
- Crannkenbuech, 16. Jh., Papier, St. Paul, Cod. 967/0 (Katalog 17.24)
- Der reiche Prasser und der arme Lazarus, Niederrhein, um 1460, Öl auf Holz, St. Paul (Katalog 17.25)
- Fragment einer medizinischen Handschrift, 14. Jh., Pergament, St. Paul, Cod. 88/8 (Katalog 17.26)
- Hippokrates: *Liber praescientiae*, 15. Jh., Papier, St. Paul, Cod. 180/4 (Katalog 17.28)
- Gratianus: *Concordia discordantium canonum (Decretum Gratiani)*, Bologna, 14. Jh., Pergament, St. Paul, Cod. 3/3 (Katalog 17.34)
- *Liber secundus arithmeticae*, E. 11./Anf. 12. Jh., Pergament, St. Paul, Cod. 133/6 (Katalog 17.35)
- *Liber geometriae*, E. 9./10. Jh. oder 10./11. Jh., Pergament, St. Paul, Cod. 11/1 (Katalog 17.36)
- Zauberrezepte – Nigromantie, 15. Jh., Papier, St. Paul, Cod. 969/0 (Katalog 16.2)
- Zauberrezepte, 14./15. Jh., Papier, St. Paul, Cod. 968/0 (Katalog 16.5)
- Hyginus: *Astrologiae libri IV*, Weingarten oder Konstanz, 10. Jh., Pergament, St. Paul, Cod. 16/1 (Katalog 16.7)
- Astronomisches Lehrgerät (Abguss), Regensburg, vor 1096, Kalkstein, Regensburg (Katalog 16.8)
- *Tabulae planetarum*, Wien (?), 1432–1436, Papier, St. Paul, HS 189/4 (Katalog 16.9)
- Ovid: Metamorphosen, 13. Jh., Pergament, St. Paul, Cod. 61/3 (Katalog 1.26)
- Titus Livius: *Patavini rerum gestarum populi romani historia. Decas prima*, Umbrien (?), 15. Jh. und 1599, Pergament, St. Paul, Cod. 35/1 (Katalog 1.28)

Gefäße, Bücher und Gewänder – Mittelalterliche Kirchenschätze

- Thronende Muttergottes, Westfalen, um 1260/70, Eiche, Fassungsreste, Münster LM (Katalog 9.8)
- Altarkreuz, Hildesheim (?), um 1130/40, Kupfer, Bronze, Münster LM (Katalog 9.10)
- Prunkkelch, östliches Mitteleuropa, um 1470/80, Silber teilweise vergoldet, Rubine, Perlen, Glasflüsse, St. Paul (Katalog 10.2)
- Reichenauer Sakramentar, Reichenau, um 980, Pergament, St. Paul, Cod. 20/I (Katalog 10.3)
- Einband des Reichenauer Sakramentars, Oberrhein, E. 15. Jh. (Rahmen); Metz, 3. V. 9. Jh. (Elfenbein), Holzkern, Silber teilweise vergoldet, Elfenbein, St. Paul (Katalog 15.6)
- Missale, St. Blasien oder Basel, vor 1482, Pergament, St. Paul, Cod. 64/1 (Katalog 10.7)
- Ramsey-Psalter, Abtei Ramsey, um 1300/10, Pergament, St. Paul, Cod. 58/1 (Katalog 10.27)
- Lektionar, Oberösterreich, um 1100, Pergament, St. Paul, Cod. 53/3 (Katalog 10.28)
- *Ordo Romanus XXXV und Glossarium Salomonis*, 9. und 11. Jh., Pergament, St. Paul, Cod. 979/0 (Katalog 10.26)
- Hostienmonstranz, östliches Mitteleuropa, 2. V. 15. Jh., Silber vergoldet, Edelsteine, Glas, St. Paul (Katalog 10.9)
- Kruzifix, Limoges, Anf. 13. Jh., Kupfer emailliert, vergoldet, St. Paul (Katalog 10.13)
- Glockenkasel, Südwestdeutschland, St. Blasien (?), 2. V. 12. Jh., Seidenstickerei auf Leinen, St. Paul (Katalog 10.17)
- Chormantel, Südwestdeutschland, St. Blasien (?), 3. V. 13. Jh., Seidenstickerei auf Leinen, St. Paul (Katalog 9.26)
- Notenblatt, Oberitalien, E. 14. Jh., Pergament, St. Paul (Katalog 13.1)
- Totenoffizium, 14. Jh., Pergament, St. Paul (Katalog 12.11)
- Minnekästchen, Süddeutschland, 2. H. 15. Jh., Holz, Leder vergoldet, Messing, Leinen, St. Paul (Katalog 21.9)
- Heiliges Haupt, Johann von Langen, Iburg, 1507, Schädel, Holz, Kupferbeschläge vergoldet, Osnabrück (Katalog 15.4)

Andacht gemeinsam oder allein – Spätmittelalterliche Kirchenausstattung

- Teile einer Altartafel aus der Abteikirche in Herzebrock, Meister von Liesborn (Johann von Soest?) – Werkstatt, Münster, um 1485, Tempera auf Eichenholz, Münster LM (Katalog 9.14)
- Muttergottes mit der hl. Katharina und Stifter, Meister von Liesborn (Johann von Soest?) – Werkstatt, Münster, um 1470/80, Tempera auf Eichenholz, Münster LM (Katalog 9.16)
- Muttergottes mit kniendem Benediktinermönch, Meister von Liesborn (Johann von Soest?) – Werkstatt, Münster, um 1480/90, Tempera auf Eichenholz, Münster LM (Katalog 9.17)
- Kreuzigungsretabel aus der Abteikirche Corvey (?), Gert van Lon, Geseke, um 1507/10, Tempera auf Eichenholz, Münster LM
- Sippenaltar aus der Abteikirche Corvey (?), Gert van Lon, Geseke, um 1507/10, Tempera auf Eichenholz, Münster LM
- Kruzifixus, Oberitalien, Trentino (?), um 1400, Holz, Fassungsreste, St. Paul (Katalog 9.3)
- Madonna mit Kind, Meister von Osnabrück, Osnabrück, um 1525/30, Eiche, Münster LM (Katalog 9.9)
- Madonna mit Kind, Osnabrück, um 1500; Johann von Langen, Iburg, Nussbaum farbig gefasst (Maria); Eichenholz, Kupfer feuervergoldet (Drache), Münster LM (Katalog 15.5)

Theatrum Sacrum – Barocke Kirchenausstattung

- Messkelch Kaiser Karls VI., Augsburg, um 1720, Gold, Brillanten, Rubine, Email, St. Paul (Katalog 21.11)
- Messkelch, Elias Jäger, Augsburg, um 1680/90, Silber, teilweise vergoldet, St. Paul (Katalog 21.12)
- Messkelch, Johann Baptist II. Ernst, Augsburg, um 1704/05, Silber, teilweise vergoldet, Edelsteine, Glassteine, Email, St. Paul (Katalog 11.3)
- Messkelch, Frankreich (?), um 1760/70, Silber vergoldet, Edelsteine, Glassteine, Email, St. Paul (Katalog 11.14)
- Messgarnitur, Paul Solanier, Augsburg, 1720, Silber vergoldet, St. Paul (Katalog 11.16)
- Hostienmonstranz, Wien (?), um 1750/60, Silber teilweise vergoldet, Edelsteine, Glassteine, Glas, St. Paul (Katalog 11.17)
- Ornat, Wien, um 1730/40, Seidengewebe, Seidenstickerei, Pailletten, Goldkordeln, Chenillefäden, Bouillonfransen mit Goldposamenten, St. Paul (Katalog 11.22)
- Kasel, Süddeutschland (?), 1. V. 18. Jh., Seidensamt mit Goldstickerei, Pailletten, Goldkordeln, Seidenfutter, St. Paul (Katalog 11.23)
- Nachbildung der Christus-Ikone von *Sancta Sanctorum*, Italien und Süddeutschland, um 1700, Öl auf Holz; Rahmen: Holz versilbert, vergoldet, farbig gefasst, St. Paul (Katalog 21.22)
- Karl-Borromäus-Reliquiar, Mailand (?), 2. Drittel 18. Jh., Bergkristall, Silber vergoldet, bemaltes Papier, Wachssiegel, St. Paul (Katalog 21.25)
- Kreuzreliquiar, Wien (?), 1810; Reliquienfassung: 2. H. 13. Jh. und Basel, 1688; Silber vergoldet, Diamanten, Smaragde, Bergkristall, Email, St. Paul (Katalog 21.2)
- Hausaltar, Augsburg, um 1690/1700, Eichenholz, Schildpattfurnier, Silberfolien teilweise vergoldet, Messingbeschläge vergoldet, Türkise, St. Paul (Katalog 22.14)
- Kreuz auf Felssockel, Süddeutschland, E. 17. Jh., Alabaster, St. Paul (Katalog 22.30)
- Standkreuz, Süddeutschland, 1. H. 17. Jh., Bergkristall, Bronze vergoldet, Messing (?) vergoldet und versilbert, St. Paul (Katalog 22.35)
- Pektorale, Süddeutschland, 2. H. 17. Jh., Bergkristall, Silber vergoldet, Messing (?) vergoldet, St. Paul (Katalog 22.36)
- Kruzifixus, Süddeutschland, 2. H. 17. Jh., Buchsbaum teilweise vergoldet, St. Paul (Katalog 22.38)
- Abt Hieronymus Marchstaller, Jakob Lorenz Glaber, 1629, Öl auf Leinwand, St. Paul (Katalog 24.4)

Paläste des Glaubens – Geistliche und weltliche Repräsentation

- *El Escorial* bei Madrid, Atlas Blaeu, Willem Janszoon Blaeu, Joan Blaeu, 1662, Kupferstich, koloriert, St. Paul (Katalog 24.1)

- Modell des Benediktinerstifts Melk, Entwurf: Clemens Kosch, Ausführung: IMModell® - U.Haselhuhn, Karton/ Polystyrol – Maßstab 1:220, Dalheim (Katalog 24.9)
- Vogelschau des Benediktinerstifts Kremsmünster, Franz Xaver Gürtler nach Ferdinand Landerer, 1778, Kupferstich auf Papier, St. Paul (Katalog 24.12)
- Kloster St. Blasien, E. 18. Jh., Federzeichnung auf Papier, St. Paul (Katalog 25.21)
- Hermes, Italien (?), 2. H. 17. Jh., Bronze, St. Paul (Katalog 22.12)
- Märtyrerin mit Palmzweig, Guido Reni (Umkreis), um 1620/40, Öl auf Leinwand, St. Paul (Katalog 19.11)
- Mann mit Rose, Hans Sebald Beham (zugeschrieben), um 1540, Öl auf Holz, St. Paul (Katalog 19.12)
- Gaukler am Fenster, Samuel van Hoogstraten, Mitte 17. Jh., Öl auf Leinwand, St. Paul (Katalog 19.13)
- Die Anbetung der Hirten, Peter Paul Rubens, 1621/22, Öl auf Holz, St. Paul (Katalog 19.16)
- Ruhe auf der Flucht nach Ägypten, Sir Anthonis van Dyck, um 1630, Öl auf Holz, St. Paul (Katalog 19.17)
- Flämische Bauernkirmes, David Vinckboons, um 1611/20, Öl auf Leinwand, St. Paul (Katalog 19.21)
- Tote Vögel, Philipp Ferdinand de Hamilton, Wien, um 1740, Öl auf Leinwand, St. Paul (Katalog 19.27)
- Die Gefangennahme Christi, Albrecht Dürer, 1510, Holzschnitt, St. Paul (Katalog 20.14)
- Das kleine Pferd, Albrecht Dürer, 1516, Kupferstich, St. Paul (Katalog 20.22)
- Die Darbringung im Tempel, Rembrandt H. van Rijn, 1639, Radierung, St. Paul (Katalog 20.31)
- Studie für ein Marienbild, Anton Raphael Mengs (zugeschrieben), um 1765/70, Kreidezeichnung auf Papier, St. Paul (Katalog 20.35)
- Heilige Familie, Johann Michael Rottmayr, nach 1700, Federzeichnung auf Papier, St. Paul (Katalog 20.38)

Forscher und Gelehrte – Streben nach enzyklopädischem Wissen

- *Kurtze Instruction zur Geomantia*, 1701, Papier, St. Paul (Katalog 16.3)
- Darstellung der Erde, 1. H. 18. Jh., Papier, St. Paul (Katalog 16.11)
- Brief Kardinal Garampis an Fürstabt Martin II. Gerbert (Abschrift), E. 18. Jh., Papier, St. Paul (Katalog 25.3)
- Schriften Fürstabt Martin II. Gerberts, 1758–93, St. Paul (Katalog 25.17)
- Entwurfszeichnung der Sternwarte Kremsmünster, Adam Haßlberger nach P. Anselm Desing, Federzeichnung auf Papier, St. Paul (Katalog 16.25)

Ein glänzender Abt – Martin II. Gerbert von St. Blasien

- Fürstabt Martin II. Gerbert mit Page, Süddeutschland, nach 1771, Öl auf Kupfer, St. Paul (Katalog 25.8)
- Pektorale Fürstabt Martin II. Gerberts, Wien, um 1771, Silber, Brillanten, Amethyste, St. Paul (Katalog 25.4)
- Abtsstab, Oberrhein, um 1535/40 (Krümme); 18. Jh. (Stab), Kupfer (?) vergoldet, Silber, Ebenholz, St. Paul (Katalog 8.10)
- Kaiserin Maria Theresia in Witwentracht, Joseph Ducreux, nach 1769, Öl auf Leinwand, St. Paul (Katalog 25.9)
- Büstenreliquiar des hl. Leopold, Joseph Moser – Werkstatt, Wien, um 1760/70, Silber und Kupfer teilweise vergoldet, Glas, St. Paul (Katalog 25.10)
- Brief Kaiserin Maria Theresias an Fürstabt Martin II. Gerbert (Abschrift), E. 18. Jh., Papier, St. Paul (Katalog 25.12)

Aufhebung und Neubeginn – Die Säkularisation

- Porträt Fürstabt Berthold III. Rottler, Anton Weissenfeld, 1823, Öl auf Leinwand, St. Paul (Katalog 26.9)
- Porträt Fürstabt Berthold III. Rottler, um 1801/06, Öl auf Pappe, St. Paul (Katalog 26.10)
- Abtsstab, Süddeutschland, um 1801, Messing vergoldet und versilbert, Ebenholz, St. Paul (Katalog 26.11)
- Tagebuch von Fürstabt Berthold III. Rottler, St. Blasien/St. Paul, 1805–1809, Papier, St. Paul, Cod. 950a/0 (Katalog 26.12)

KONZEPTION UND UMSETZUNG FÜR DEN AUSSTELLUNGSSTANDORT STIFTUNG *KLOSTER DALHEIM.* LWL-LANDESMUSEUM FÜR KLOSTERKULTUR

Gesamtkoordination:

- Dr. Martin Kroker (bis 10/2010)
- Dr. Julia Hallenkamp-Lumpe (ab 11/2010)

Wissenschaftliche Projektleitung:

- Dr. Helga Fabritius

Projektteam:

- Dr. Julia Fischer
- Holger Kempkens M.A. (bis 4/2010)
- Dr. Clemens Kosch
- Sina Schröder M.A.

Museumspädagogisches Programm:

- Dr. Christiane Brehm
- Sonja Voss M.A.

Presse- und Öffentlichkeitsarbeit:

- Elisabeth Fisch M.A.
- Maria Tillmann

Verwaltung:

- Ralf Johanshon
- Angelika Gunnewig
- Marianne Rosar
- Gerda Schewe

Technischer Dienst und Werkstatt:

- Eugen Dahl
- Edward Mackay
- Matthias Potthoff
- Hermann Salmen

Ausstellungsarchitektur und -grafik:

- Thöner von Wolffersdorff GbR, Augsburg/München

Christian Thöner

Tobias von Wolffersdorff

Robert Strauch

Multimedia-Installationen:

- Peter Hans Felzmann, Monte projects, Linz (Österreich)

Für ihre Unterstützung bei der Projektumsetzung danken wir besonders:

für das Kuratorium der Stiftung *Kloster Dalheim*:

- Dr. Wolfgang Kirsch, Vorsitzender des Kuratoriums

dem Vorstand der Stiftung *Kloster Dalheim*:

- Dr. Barbara Rüschoff-Thale, Vorsitzende des Vorstands
- Manfred Müller, Landrat des Kreises Paderborn
- Fritz-Wilhelm Pahl (ab 11/2010)
- Prof. Dr. Horst Ziegler (bis 11/2010)

für den Landschaftsverband Westfalen-Lippe (LWL):

- Dr. Wolfgang Kirsch, LWL-Direktor

für die LWL-Kulturabteilung:

- Dr. Barbara Rüschoff-Thale, LWL-Kulturdezernentin
- Guido Kohlenbach

für den LWL-Bau- und Liegenschaftsbetrieb:

- Ulrich Beyer

IMPRESSUM

***Macht des Wortes.* Benediktinisches Mönchtum im Spiegel Europas**

Beiheft zur Sonderausstellung in der Stiftung *Kloster Dalheim.* LWL-Landesmuseum für Klosterkultur vom 2. Juli bis zum 30. Dezember 2011, hg. von der Stiftung *Kloster Dalheim.* LWL-Landesmuseum für Klosterkultur.

- Texte: Christiane Brehm, Helga Fabritius, Julia Fischer, Julia Hallenkamp-Lumpe, Clemens Kosch, Sina Schröder, Maria Tillmann
- Umschlaggestaltung außen: Klein und Neumann Kommunikationsdesign, Iserlohn
- Gestaltung, Satz und Herstellung: Dipl. Des. Julica Bracht, Köln
- Verlag: Ardey-Verlag, Münster
- Druck: B.o.s.s Druck und Medien GmbH, Goch
- Die Deutsche Nationalbibliothek verzeichnet diese Publikation in der Deutschen Nationalbibliografie; detaillierte bibliografische Daten sind im Internet über http://dnb.d-nb.de abrufbar.

ISBN 978-3-87023-353-2

BILDNACHWEIS

- Cover außen vorne, S. 3, S. 4, S. 11, S. 13, S. 17, S. 23, S. 39, S. 43, S. 51, S. 53, S. 57, S. 59: P. Gerfried Sitar. Benediktinerstift St. Paul im Lavanttal
- Cover innen vorne: Stift Kremsmünster, Kunstsammlungen
- S. 6: LWL/Helga Fabritius
- S. 7: LWL/Maria Tillmann
- S. 9: BnF, Paris, Estampes et Photographie
- S. 10: bpk, Skulpturensammlung und Museum für Byzantinische Kunst, SMB/Jürgen Liepe
- S. 14: Staatsbibliothek Bamberg, Foto: Gerald Raab
- S. 15: ursula.rudischer©Landesmuseum Mainz.rlp.de
- S. 18: Burlison & Grylls, London, Foto: Peter Moore
- S. 19, S. 25: Stiftsbibliothek St. Gallen
- S. 20: Mainfränkisches Museum Würzburg, Foto: Elmar Hahn
- S. 21: Stephan Kube, Greven
- S. 22 : Abbaye de Saint-Savin-sur-Gartempe
- S. 24: Keller/Reichenau
- S. 26: bpk/Handschriftenabteilung, Staatsbibliothek zu Berlin – Preußischer Kulturbesitz
- S. 27: Landesarchiv NRW, Abteilung Westfalen
- S. 29: bpk/SBB
- S. 31: Stadtarchiv/Stadtbibliothek Trier
- S. 32: Bibliotheca Apostolica Vaticana
- S. 33: IMModell® – U. Haselhuhn
- S. 35: Hulton-Deutsch Collection/Corbis
- S. 37: Ansgar Hoffman, Schlangen
- S. 38: DieAlraune
- S. 41: maßwerke - Wissenschaft und Gestaltung
- S. 42, S. 44: Württembergische Landesbibliothek Stuttgart
- S. 45: LWL-Landesmuseum für Kunst- und Kulturgeschichte Münster
- S. 47: bpk/Kupferstichkabinett, Staatliche Museen zu Berlin
- S. 49, S. 50: bpk/Scala
- S. 52: Marx Studios, Memmingen
- S. 54: Abtei Neresheim/Landesmuseum Württemberg, Foto: P. Frankenstein, H. Zwietasch
- S. 55: Universitäts- und Landesbibliothek Münster
- S. 58: bpk/Alfredo Dagli Orti
- S. 61: Julia Hallenkamp-Lumpe, Soest
- S. 63: Monte projects, Linz
- S. 64 oben: LWL/Sina Schröder
- S. 64 unten: LWL/Julia Hallenkamp-Lumpe
- Cover innen hinten: Hirmer Fotoarchiv, München

>>
Kuppelfresko der Benediktinerabtei Ettal,
J. J. Zeiller, 1748–52